FAMILLE BONFIGLI,

DE BONFILS.

RECUEIL

DE

CONNAISSANCES RELATIVES A L'ORIGINE ET AUX PROGRÈS

DE LA

FAMILLE BONFIGLI,

DE BONFILS.

BESANÇON,

IMPRIMERIE DE DODIVERS ET Cⁱᵉ, SUCCʳˢ DE L. DE SAINTE-AGATHE,
Grande-Rue, 42.

1862.

AVERTISSEMENT.

Occupé depuis longtemps d'un travail considérable sur le royaume de Naples, et à la veille de le terminer, j'ai nécessairement dû m'enquérir des documents de toute espèce qui se rattachaient de près ou de loin à l'histoire d'Italie.

Grâce aux soins obligeants d'un ami, j'ai pu me procurer le curieux manuscrit qu'on va lire, et qui aurait été adressé par M. le comte Ferdinand de Bonfils, d'Orange, à son cousin, M. le comte de Lapeyrouse de Bonfils, préfet du Doubs.

Ce manuscrit m'a paru assez riche en détails de tout genre, en faits nouveaux ou inconnus, pour être consulté avec intérêt, peut-être même avec fruit. Je n'ai pas hésité à en entreprendre la publication, sans rien y changer, et en lui conservant religieusement le style tout à la fois naïf et original, qui donne à ce travail, digne des bénédictins, un cachet et une couleur particulière.

Malgré toutes mes recherches, il m'a été souvent impossible de vérifier exactement l'orthographe de certains noms propres. Si quelques erreurs s'y sont glissées, je fais appel à l'indulgence du lecteur, qui voudra bien n'en accuser que l'incorrection d'un vieux manuscrit souvent illisible.

Charles GAY.

Rome, 23 août 1780.

Madame et respectable parente,

A peine M. le chevalier Alphéran, prieur de Saint-Jean d'Aix, m'eut témoigné que vous souhaiteriez quelques connaissances relativement à notre famille, qu'aussitôt je formai le dessein de vous envoyer là-dessus un mémoire détaillé. En attendant, pour répondre en quelque façon à votre empressement, je vous adressai de suite un précis de ces mêmes connaissances le plus exactement recueillies. M. Costaing, notre ami commun, a goûté mon projet, et j'en serais même extrêmement satisfait si l'exécution avait pu répondre à l'idée ; mais pour donner une tournure agréable à des choses par elles-mêmes insipides, il m'eût fallu plus de temps que je n'en ai. Veuillez donc bien, Madame, agréer cet extrait exact que j'ai tiré des monuments qui sont chez moi, et ne faire attention qu'aux choses et au zèle de celui qui a l'honneur de vous les présenter.

Je ne me suis point piqué, comme vous voyez, de répandre des fleurs dans cette généalogie-chronologie.

Toute mon attention a été de confronter exactement les époques auxquelles se formèrent les différentes branches de la famille, et de ne rien dire qui ne soit prouvé d'une manière authentique.

C'est à vous, Madame, qui à l'érudition réunissez les grâces du style, c'est à vous, dis-je, de suppléer à mes incorrections, afin de rendre mon travail moins indigne de vous.

J'ai cru devoir à la fin de cette histoire placer, comme dans un miroir, tous les hommes illustres qui sont sortis de notre famille. Vous pourrez y joindre ceux qu'a fournis votre branche. Vous verrez enfin dans le courant de ce précis, que notre famille a donné aussi des femmes illustres, parmi lesquelles vous vous distinguez, Madame, particulièrement par toutes les vertus intellectuelles et morales, dont l'éducation et l'exemple de vos ancêtres ont enrichi votre cœur et orné votre esprit. Car si notre famille a eu à grand honneur d'avoir donné une Aquilina qui épousa Fortebracci, prince de Capoue, et qui, à cause de ses rares qualités, passa en secondes noces dans la maison de Malatesta, prince de Rimini, l'on doit dire que vous contribuez bien plus à notre famille que la susdite Aquilina; puisque celle-ci imita à la vérité les beaux exemples de ses aïeux, mais elle n'en transmit la semence qu'à la postérité des Malatesta où elle passa.

La noblesse n'est ordinairement estimée que par la présomption qu'un honnête homme en produit un autre. Tout de même qu'on voit qu'un enfant apporte souvent en ce monde la ressemblance et les qualités de son père, ou même de quelque proche parent, il faut dire que le germe et les premiers rudiments de la vertu, après avoir longtemps circulé dans les veines du père, se transmettent aux enfants. Un père vertueux donne une bonne éducation à ses fils ; et c'est de cette éducation que vient la bonté, principe et fondement de la noblesse qui ne peut subsister sans elle. La suite des héros qui sont sortis de notre famille en fournit une preuve très-convaincante. C'est en effet une chose bien étonnante que cette famille ait conservé dans tous les lieux où elle a passé cet état de gloire qui l'a constamment distinguée partout, et cela malgré les guerres civiles, les factions des Guelfes et des Gibelins, les vexations et les exils qu'elle a essuyés à ces occasions; il est étonnant, dis-je, que depuis le dixième siècle, époque à laquelle on trouve déjà des preuves de sa noblesse, elle se soit constamment soutenue de père en fils, sinon dans le même état d'opulence, au moins avec le même degré de noblesse et avec les mêmes sentiments d'honneur.

Je vois en effet, Madame, que vous avez les vertus de vos ancêtres, et vous les avez si bien transmises à vos enfants, soit par le sang, soit par une bonne éducation, qu'ils font aujourd'hui l'admiration et le plus bel ornement d'Orange. Oui, Madame, c'est la force de l'exemple et de l'éducation.

Je vous ai donné un détail des honneurs dont a joui notre famille, des charges honorables qu'elle a remplies et des hommes illustres qu'elle a produits, afin que vous puissiez, comme dans un miroir, présenter à MM. vos fils et neveux la gloire et l'avantage qu'ils ont de descendre d'une si illustre famille, et qu'eux-mêmes, se modelant sur l'exemple de tant de grands personnages qui se sont distingués dans tous les genres, ils puissent laisser de beaux exemples à ceux qui viendront après eux. La belle éducation que vous leur avez donnée, et les fruits qu'ils en ont déjà retirés sont de sûrs garants qu'ils feront toujours de nouveaux progrès dans la carrière de l'honneur, et qu'ils transmettront à leurs descendants ce germe de gloire qui, jusqu'à présent, a distingué toute la famille, et servira d'exemple à la postérité la plus reculée. Mais en parlant d'exemple, je suis persuadé, Madame, que celui de feu M. de Bonfils et le vôtre, dans lesquels on voit briller toutes les vertus de nos ancêtres, sont bien plus capables et bien plus puissants de graver dans leurs cœurs des sentiments d'honneur et de gloire, et de perpétuer dans eux ce fond de bonté et de vertu qui sont la base de la véritable noblesse.

En vous donnant ce recueil, Madame, mon intention a été de vous peindre les vertus qui ont successivement distingué notre famille; mais y ai-je réussi? Personne ne peut en juger mieux que vous, puisque mieux que personne vous avez sous les yeux les vertus originales de vos ancêtres dans la personne de MM. vos fils. Comme qu'il en soit, daignez agréer mon zèle, et croyez que je m'estime fort heureux d'appartenir à votre famille, et de pouvoir vous convaincre du profond respect avec lequel j'ai l'honneur d'être,

Madame,

Votre très-humble, très-obéissant serviteur et parent,

ANGE DE BONFILS.

CONNAISSANCES

RELATIVES A L'ORIGINE ET AUX PROGRÈS

DE LA

FAMILLE BONFIGLI.

S'il y a en Italie une famille qui puisse montrer avec sûreté une origine fort illustre et distinguée, et prouver authentiquement une très-ancienne noblesse, soutenue avec éclat pendant l'espace non interrompu de huit siècles, c'est assurément la noble famille des *Bonfigli*, dont on trouve une infinité de mémoires dans les archives d'Imola, de Bologne, de Ferrare, de Lucques, de Padoue et de plusieurs autres grandes villes, où quantité d'écrivains la regardent unanimement comme une des plus nobles et des plus distinguées familles de l'Italie, et surtout de la province de la Romagne. Cette maison, qui prouve authentiquement depuis le dixième siècle avoir été noble et fort distinguée dans la ville d'Imola, et qui ensuite vers la fin du XV° siècle, c'est-à-dire l'an 1480, passa dans la province de l'Ombrie (ou le duché de Spolète) et s'établit enfin à Rome, où Sigismond et Philippe, grands-pères de M. Bernardin Bonfigli, qui vit encore, furent, l'an 1659, tous admis eux et leurs descendants *in infinitum* au rang de sénateurs du Capitole, et comptés parmi les nobles et familles patrices de Rome ; cette famille, dis-je, a été de tous temps et en tous lieux respectable et illustre, non-seulement à cause de l'ancienneté de son origine, de ses richesses, par son alliance avec les familles les plus puissantes et les plus distinguées, par le titre honorable dont elle a toujours joui en cette ville, par les charges qu'elle a occupées, par les marques de distinction dont elle a été décorée, mais encore par les grands personnages qu'elle a donnés à l'Eglise, aux lettres et aux armes ; ce qui a toujours été cause qu'on l'a décorée de plusieurs prérogatives ecclésiastiques et dignités séculières.

Quoique les écrivains qui parlent de cette famille (dont il est souvent fait mention dans les histoires de la Romagne) conviennent tous de son ancienne noblesse, et que plusieurs aient pris à tâche d'en montrer les diverses branches, et l'éclat avec lequel elle s'est constamment soutenue et rendue respectable, ils ne sont cependant pas tous d'accord sur sa vraie origine. Il y a trois opinions là-dessus. La première fait sortir cette famille de Volterre en Toscane, et veut qu'elle soit de la maison même du pape Sabinien, fils de Bonus et appelé lui-même *Bono-Filius*. Il était successeur de Saint-Grégoire-le-Grand. La famille donna à l'Eglise, l'an 964, et sous le pontificat de Jean XII, un cardinal primicier, qui assista au concile romain. Suivant cette première opinion, on prétend qu'après la mort dudit pontife, cette famille, qui avait fait paix et alliance avec les Lombards, se retira dans la Romagne et s'établit à Imola. La seconde opinion au contraire est qu'elle descend de la famille d'Anjou, et qu'étant venue en Italie avec Charlemagne, qui prit les armes en faveur du pape pour délivrer cet état de l'esclavage des Lombards, elle s'établit à Imola, tout de même que la branche de Monaldo, appelée ensuite des Monaldi et Monaldesi, s'arrêta et s'établit à Florence. Enfin la troisième opinion est que cette famille vint à cette occasion d'Allemagne, et que deux frères, officiers de cette famille, c'est-à-dire Gérard et Claude, surnommés chevaliers de Turing, combattant sous les drapeaux dudit Charlemagne, épousèrent deux sœurs de la famille de Collat, une des maisons les plus nobles et les plus distinguées de ce temps, et qu'après s'être extrêmement signalés dans les armes et avoir reçu en récompense de l'empereur les terres de Bazile et de Gazon, ils s'arrêtèrent dans la Romagne et s'établirent à Imola, où ils occupèrent les premières places, et que par succession de temps, ils passèrent à Bologne, ville qui est à trois lieues d'Imola.

Je ne prétends pas prouver laquelle de ces trois opinions est la plus vraie. Il me suffit de les avoir rapportées ; car mon but n'a été que de faire un précis des preuves de noblesse de la famille Bonfigli, qui soient soutenues et appuyées du témoignage des historiens, d'autres écrivains ou par d'autres actes publics. Quelle que soit cependant la plus vraie des susdites opinions, il est certain qu'elles montrent toutes combien cette famille est illustre dans son origine ; et sa noblesse est prouvée non-seulement pendant huit siècles, mais encore illustrée et rendue célèbre par les grands hommes qu'elle a produits dans tous les genres.

Il y a certainement peu de familles en Italie qui

puissent prouver leur noblesse depuis le dixième siècle, et ce défaut de preuves est occasionné par les guerres civiles, par les irruptions des barbares, les sacs, les incendies, les tremblements de terre qui se sont succédé. Cependant, dans les archives d'Imola (qui à cet égard peuvent s'estimer fort heureuses), il y a encore quelques parchemins fort anciens et d'autres mémoires, par lesquels il conste évidemment que la famille Bonfigli était déjà fort distinguée en noblesse dans le dixième siècle. Elle est même reconnue et déclarée telle par ces anciens monuments. En effet, cette famille, qui par sa noblesse brillait déjà beaucoup dans ce siècle-là, et qui, comme l'on croit, s'étant unie à Corrade-Sussatelli, chef d'Imola, défendit l'an 1010 la patrie contre le peuple de Forli, se rendit aussi mémorable dans les histoires de ces temps par les hommes vaillants qu'elle eut, et principalement l'an 1050, époque à laquelle par le retour de l'empereur Conrad en Allemagne, la ville d'Imola, ayant déjà repris la forme de république, était gouvernée par quatre sénateurs parmi lesquels Gratien Bonfigli qui brillait par sa valeur, par sa noblesse et par ses richesses, se fit estimer beaucoup à Imola et dans toute la Romagne, comme nous en assure Dolfi dans son ouvrage des *Familles illustres de Bologne*, à la page 204. De laquelle famille d'Imola on a une mémoire fort respectable de l'an 1050, dans la *personne de Gratien, sénateur, homme prudent et de grande autorité, et de plusieurs autres hommes de grand mérite*, ce qui est attesté par le sieur Vecchiazzani, et se prouve encore par un ancien témoignage donné depuis le siècle dernier, et précisément le 14 décembre

1696, par la communauté d'Imola, et enregistré dans cette chancellerie à folio 199. En voici les termes : *Veritati testimonium perhibemus et justitiæ pensum requisiti persolvimus nobilis et pervetusta Bonfiliorum familia, etc., per sex fermè sæcula inter primores recensitam, publicis decoratam muneribus, armis litterisque conspicuam, nobiliori sanguine, propagatam nostra demonstrant publica monumenta, scripturæque in archivio publico fideliter observatæ. Anno enim quinquagesimo supra millesimum, Gratianus inter hujusce nostræ patriæ senatores floruit, et exindè usquè ad præsens ferè sæculum, quo familia in hàc civitate defecit, plura variaque ingenuæ nobilitatis documenta reperimus, quorum seriem hic inserere incongruum esset ; ideoque cunctis et singulis comprobatam præsentibus testamur litteris longam familiæ nobilitatem.*

Cette famille possédait beaucoup de biens à ladite ville d'Imola, et l'on croit qu'elle en acquit ensuite quantité d'autres à Bologne et à Forli, où l'on pense que les Bonfils habitèrent en premier lieu ; et quoique ladite famille fût devenue puissante et respectable dans ces villes, cependant à cause des guerres avec les peuples voisins, à cause des guerres civiles, des factions des Guelfes et des Gibelins, dans lesquelles les Bonfigli, comme les plus puissants, ont toujours été chefs de parti, elle souffrit différentes confiscations et fut plusieurs fois exilée, principalement de Bologne. Mais cela ne fit qu'augmenter, multiplier et étendre son éclat, ainsi qu'il paraît non-seulement dans diverses villes d'Italie, comme à Lucques, à Sienne, à Ferrare, à Padoue et à Milan, mais encore en France, où se répandirent plusieurs de ses branches, s'en étant déjà transplanté une à Osime et l'autre à Messine, lesquelles branches ont toujours conservé ce lustre et ce décorum dont cette famille a toujours fait gloire, et dont le nom est devenu par là plus célèbre et plus respectable, même hors de la province de la Romagne.

Plusieurs modifications s'introduisirent dans le nom de la famille, par suite des différents dialectes propres aux divers pays où elle s'établit. A Osime, Messine, Sienne, Milan, Montferrat, Rome, on voit qu'elle a toujours été appelée Bonfigli ; à Imola, Bologne, Forli, elle est indistinctement appelée Bonfigli, Bonfilioli et Bonfiglioli Bonfilio ; en France, Bonfils ; à Padoue, Bonfio et Bonfii, et aussi à Lucques où elle a été appelée Orsucci, du nom d'un certain Orsuccio de cette famille.

Outre les mémoires ci-dessus, il y a encore à Forli plusieurs connaissances relatives à cette famille Bonfigli; suivant l'opinion commune, cette famille, après avoir été contraire à ladite ville dans la guerre qu'elle eut l'an 1110 avec celle d'Imola, en faveur de laquelle combattirent les Bonfigli, s'y rendit enfin favorable à l'occasion du traité de paix ou accommodement qui fut fait l'an 1234 entre ladite ville de Forli et le peuple d'Imola, de Ravenne et autres voisins pour la prise de Cervia, faite par le peuple de Césène ; à laquelle époque, parmi les nobles députés de chaque ville, intervint Alidosio Bonfigli, et opéra beaucoup en sa faveur. Enfin, l'an 1305, le 23 mai, par la médiation des Bolonais et en leur nom, la paix fut conclue à Rimini, dans le chœur de Sainte-Colombe, par Bartolo, de la même famille, comme le prouve Scipion Chiaramonti dans son Histoire de Césène, liv. 8, p. 300, et liv. 11, p. 440 et 442.

Les Bonfigli avaient acquis à Forli beaucoup de biens et y avaient fait bâtir un très-beau temple sous le titre de Saint-Pierre in Scotto. La famille Bonfigli a toujours joui du juspatronat, ainsi que du droit de nommer le recteur. Mais on croit que cette nomination ne s'est plus faite depuis que les Bonfigli, ayant quitté la Romagne, passèrent dans le duché de Spolète, et se retirèrent pendant quelque temps à Gualdo, et ensuite à Rome, et l'on croit que cette chapellenie a été ensuite transportée à la cathédrale.

On sait que les plus grands biens de cette famille étaient à Imola, sa patrie, et qu'à cause de ses richesses, des alliances qu'elle contracta avec les principales familles de cette ville, à cause enfin des grandes charges auxquelles elle fut élevée et des grands hommes qu'elle donna, elle s'y rendit très-respectable. Outre que Gratien, qui était sénateur de cette ville l'an 1050, l'a gouvernée avec beaucoup de prudence, il y eut aussi entre autres Filiose, qui, l'an 1228, étant commandant ou président du château de Codronco, soutint le droit de véritable citoyen et ne mérita pas de moindres louanges que Nascimbene qui, lorsque les Bolonais eurent saccagé le terroir d'Imola, abattu les remparts, emporté même les portes, fut envoyé par ladite ville, sa patrie, en qualité d'ambassadeur au sénat de Bologne pour traiter la paix qu'il obtint effectivement.

L'an 550, Imola, détruite par Narsès et rebâtie ensuite par les rois lombards, passa aux empereurs, et se gouvernant elle-même comme une république, se livra enfin entre les mains des Bolonais, après que son ambassadeur, de concert avec ceux de toutes les villes de la Romagne, eut juré fidélité au milieu de la place au sénat et au peuple de Bologne. L'on croit qu'à cette occasion les Bonfigli, nobles Imolais, furent inscrits au sénat de Bologne, et qu'ils jouissaient déjà du droit de citoyen d'Imola et de Bologne, où il appert que les Bonfili avaient rempli les premières charges, comme il arriva aussi à la famille Casoli et autres, qui eurent les premières places de la république. Parmi les premiers on lit Guido, Sinibaldo, Paul et Jacques Bonfigli, lesquels l'an 1200 étaient des plus considérables du sénat. Bonfigli premier, Guido, Bonacurce, Bonfigli second et Bonazzunta son fils, Roland et Napoléon, enfants de Bonacurce, furent fort célèbres à Bologne. Paul, à cause de ses mérites, fut élu podestat de Brescia et de Bergame, et plusieurs autres dont il est fait mention dans plusieurs anciennes écritures qui sont dans les archives de Bologne.

Cette famille, qui florissait seulement à Imola dans le xe siècle, commença peu après, comme on le croit, à s'étendre non-seulement en différentes villes de la Romagne, comme à Forli, à Bologne, mais encore ailleurs, à Osime, Ferrare, et même hors de l'état, ainsi qu'à Messine, Lucques, Sienne, Milan, Padoue, en Piémont, en France et même jusqu'en Bretagne, où quelqu'un de cette famille s'étant établi, y forma plusieurs branches, toutes nobles et illustres, ainsi que nous l'assurent les mémoires tirés des archives de tous ces pays, par le moyen desquels on voit les grandes entreprises, les charges, les titres et les priviléges de ladite famille, et le tout est prouvé par les chroniques de chacune de ces villes, ainsi que par les historiens, parmi lesquels Gherardacci, écrivain bolonais, atteste que *toutes ces familles ont été nobles et fort estimées à Bologne et hors d'icelle, et qu'elles se sont toujours conservées fort honorablement.*

La famille d'Osime et celle de Messine croient être les premières branches de la famille ou de la souche d'Imola. L'on ne sait pas la circonstance et l'époque précise de cette famille d'Osime ; mais autant qu'on peut l'inférer des mémoires qui ont échappé aux incendies de ces archives et qu'on y conserve, cette branche s'est répandue à Osime vers le commencement du XI° siècle, puisque dans ce même siècle-là on trouve cette famille établie en cette ville, et l'opinion commune est que ce fut à l'occasion des troubles occasionnés par les guerres civiles qui opprimaient la ville d'Imola, Bologne et autres de la Romagne, que cette famille se transplanta à Osime.

C'est de cette branche que l'on croit que descend la présente famille de Bonfigli, qui soutient aujourd'hui même à Osime ce degré de noblesse dont ladite famille a toujours joui en cette ville, où elle a fait de fort nobles alliances, parmi lesquelles Julie, fille de François Bonfigli, qui étant entrée dans la noble maison Galli, devint ensuite grand'mère du cardinal Antoine-Marie Galli, grand-oncle du présent cardinal Galli, évêque de Viterbe, outre plusieurs autres que l'on omet ici à défaut de preuves authentiques. Parmi les autres prérogatives, cette branche vante celle d'avoir donné à Osime depuis le commencement, un saint, et c'est saint Bonfiglio Bonfigli, précédemment moine et abbé de Saint-Benoît, ensuite évêque de Foligno, lequel, après avoir été à la sainte expédition faite en Orient, vécut et mourut saintement, l'an 1148, dans une retraite qu'il s'était faite à Cingoli, où saint Silvestre Gazzolino, son compagnon dans la religion de Saint-Benoît, lui érigea ensuite une église dédiée en son nom, c'est-à-dire à saint Bonfiglio. Ledit saint Silvestre, qui fut ensuite fondateur de la congrégation appelée des silvestrins, en a écrit la vie en latin fort élégant. Elle a été imprimée par le père don Jacques Mercato, procureur général de ladite congrégation.

Le saint écrivain, en parlant dudit Bonfilio, commence ainsi la vie : « *Divus Bonfilius, eques Auximanus, parentibus nobilis, carne sed spiritu nobilioribus.* » Fabrini, dans sa chronique des moines silvestrins, imprimée en 1613, parle ainsi, à la page 167, ib. : « Le bien-
» heureux Bonfilio naquit à la ville d'Osime, dans la
» marche d'Ancone, de parents nobles, c'est-à-dire de
» la maison de Bonfilio, nobles citoyens de cette patrie
» par le sang ; mais son père et sa mère étaient beau-
» coup plus illustres, soit du côté de l'esprit, comme
» par leur piété ; » et Ughelli, dans son ouvrage intitulé *Italie sacrée*, tome 1, p. 689, « *Bonfilius de Bonfiliis,*
» *patriâ Auximanus, professione monachus benedictinus,*
» *dignitate abbas, gemina præfectura clarus, scilicet*
» *storacensis, et sancti Silvestri Fulginei, ob singularis*
» *vitæ merita etiam ejusdem civitatis episcopus dictus*
» *est sub Gregorio VII, anno 1078, etc.* »

Ladite chronique dudit Fabrini continue la vie véritablement angélique de ce saint évêque et ermite, et rapporte que son corps était dans le couvent de Sainte-Marie-de-la-Fara, où il fit un miracle qui le fit connaître, et qu'ensuite saint Silvestre le fit transporter dans la grande église qu'il avait lui-même fait bâtir sous le titre de Saint-Bonfilio, dont on fait la fête le 23 janvier, et celle de la mort le 27 septembre. Ladite église de Saint-Bonfilio à Cingoli a été convertie en un hôpital, et les MM. Bonfigli d'Osime, le jour de la fête dudit saint, leur parent, font célébrer dans l'église des moines de Saint-Sylvestre, des messes, avec l'offerte de quelques cierges.

L'autre branche qui est établie à Messine dans la Sicile, où aujourd'hui même un neveu de M. Bernardin Bonfigli, vivant à Rome, se trouve en garnison, en qualité de lieutenant du régiment Royal-Farnèse, au service de sa majesté le roi de Naples, y eut son origine de deux frères de cette famille, c'est-à-dire de Philibert et de Ladislao. Quant au temps précis et à la circonstance du passage de ces deux frères en ladite ville de Messine, il y a deux opinions. La première est que combattant pour Charles d'Anjou contre le roi Manfredi, dans les conquêtes qu'il fit des deux royaumes de Naples et de Sicile, lesdits frères se transportèrent dans ce pays-là, où ledit Charles d'Anjou leur ayant donné en récompense plusieurs terres ou fiefs, parmi lesquels on compte celui de Lepoggio, appelé le Montpellier du mont Etna, ils fixèrent leur demeure dans ladite ville de Messine. La seconde opinion est que lesdits frères Philibert et Ladislao, et Horace, fils dudit Philibert, passèrent d'Imola et Bologne à Messine à l'occasion que les Bolonais envoyèrent un régiment de mille soldats d'infanterie au service de Charles, roi de Naples, qui faisait la guerre avec Pierre d'Aragon.

Ledit Philibert ainsi que son frère Ladislao se marièrent en ladite ville de Messine, et y formèrent ainsi deux branches de la famille Bonfigli. Mais celle de Ladislao fut aussitôt éteinte dans la personne de Camille qui refusa les noces d'Orlando d'Aragon, fils naturel du roi Frédéric, quoiqu'il l'eût tiré de la prison avec une grande somme d'argent. Quant à Philibert, duquel descendent les Bonfigli d'aujourd'hui à Messine, il eut pour fils Horace, qui l'an 1268 épousa Melziade Coluzze, fille de Manfredi, desquels naquirent Philibert et Louis.

Sur le compte dudit Horace, on trouve écrit que Charles d'Anjou étant un jour à la poursuite d'un sanglier ou d'un ours, il tomba sous son cheval, et que ledit animal lui ayant sauté dessus l'aurait tué, s'il n'eût pas été suivi par ledit Horace, un des chefs chasseurs, qui d'un coup de sabre blessa l'animal à une jambe et donna son cheval au prince, ce qui lui mérita un remercîment et un embrassement de la part dudit prince qui, par un jeu de mot gracieux, l'appela son sauveur et son *Bonfils*. Pour mémoire de ce fait, les Bonfigli de Messine, ayant laissé les anciennes armoiries de leur famille, représentées par un griffon rampant dans un champ d'or avec la tête dans un champ azuré, marqué de trois fleurs de lis d'or, prirent à cette époque pour armes un pied de sanglier ou d'ours avec un sabre dans un champ jaune, conservant pourtant les trois fleurs de lis d'or dans un champ azuré.

Parmi les descendants dudit Horace il y eut Robert, fort aimé et favorisé du roi Louis d'Aragon, qui lui donna la châtellenie de Léonte, ainsi que de Frédéric III, qui lui fit la concession de toutes les eaux et teintures et de trente-six onces d'or de rente sur les douanes du vin ; il eut aussi plusieurs emplois, et entre autres celui de surintendant des finances du royaume de Sicile, comme il conste par l'acte d'investiture de ses terres du 27 octobre 1383.

Dudit Robert descendit Pierre, et de celui-ci Nicolas qui eut la confirmation de tous les dons faits à Robert, son grand-père. Ce dernier acquit plusieurs terres et fut honoré de l'amitié du roi Martin. Gérard, fils dudit Nicolas, fut choisi pour accompagner la reine Marie en Catalogne, et son fils, Nicolas, le cadet, se rendit célèbre pour avoir défendu et sauvé la ville d'Augusta contre les Français. Son fils Pierre ne mérita pas moins de louanges, puisqu'à cause de ses services, le roi lui donna les terres de Caglieri et Baccarato. Ledit Pierre fut père de Benoit, à qui on disputa une partie de ces terres, et l'an 1505 il mourut sans enfants, et Thomas lui succéda. A celui-ci, l'an 1513, succéda son fils Julien, et à celui-ci Joseph-Marie, vers l'an 1516. A ce dernier enfin, l'an 1596, succéda Thomas, son fils, baron de Carnito et Leontello. A Thomas, mort sans enfants, succéda Nicolas, son frère, général de l'artillerie du royaume. A Nicolas succéda Pierre, et à celui-ci Philippe, prince de Condron. Cette branche subsiste toujours à Messine.

Par tout ce que nous avons dit ci-dessus, on voit clairement que les Bonfigli d'Osime, de même que ceux de Messine qui existent encore, n'ont de tout point dégénéré de cette noblesse avec laquelle cette famille vivait à Imola et à Bologne. Il est cependant vrai qu'étant établie dans ces villes, elle essuya plusieurs disgrâces, tant à cause des guerres avec les étrangers, qu'à cause des guerres civiles, et principalement dans les factions des Guelfes et des Gibelins.

Mais, quoique pour soutenir son parti elle épuisât les richesses dont elle était bien pourvue, et qu'elle éprouvât à Bologne plusieurs confiscations, cependant elle se soutint toujours d'une manière respectable, et les exils qu'elle souffrit ne servirent qu'à la répandre et à la faire connaître davantage dans plusieurs villes d'Italie et étrangères.

Cette famille alla enfin terminer dans la Romagne, étant éteinte dans la personne du père Pierre-Jérôme, jésuite et professeur de rhétorique, fils de Bonfiglio Bonfigli, mort l'an 1646, et du comte Louis, dernier de leur branche, et termina aussi à Imola dans la personne de François, que le pape Sixte IV fit châtelain de Gualdo dans le duché de Spolète, l'an 1480. Les enfants dudit François s'étant établis là, passèrent ensuite à Rome où cette famille existe, et prouve que pendant l'espace non interrompu de 300 ans qui se sont écoulés depuis son départ d'Imola, où elle a toujours joui des premiers honneurs de cette ville, jusqu'à aujourd'hui, cette famille s'est soutenue avec éclat, et n'a nullement dégénéré de cette ancienne noblesse avec laquelle elle s'est toujours distinguée dans lesdites villes d'Imola et Bologne, ce qui est prouvé par les charges nobles, et les belles alliances qu'elle fit, comme aussi par les mémoires et actes publics qui sont dans les archives de Gualdo; par une attestation publique de cette communauté qui prouve le passage de cette famille d'Imola à Gualdo, et l'éclat avec lequel elle s'est soutenue jusqu'à ces derniers temps, et même par un diplôme du sénat romain, donné à cette famille l'an 1659, époque à laquelle cette famille étant venue à Rome où elle existe encore aujourd'hui, elle fut inscrite dans l'ordre de sénateurs parmi les familles nobles et patrices romaines.

Mais après la mort de Frédéric-Barberousse, l'an 1200, les susdites factions s'étant élevées entre les Guelfes et les Gibelins, comme les Bonfigli d'Imola étaient du parti de ces derniers impériaux, ils attirèrent à eux plusieurs des principales familles d'Imola et de celles de Bologne, qui étaient leurs parentes, et principalement celle de Lambertazzi, celle des Orsi et plusieurs autres dont on parlera dans la suite, et firent en sorte que la ville d'Imola se révoltât contre les Bolonais, en chassant d'Imola Jacques Prendiparti, commissaire du sénat de Bologne, et en déclarant maître d'Imola Pierre Pagani, leur protégé comme l'on croit. Mais ils en payèrent bien la façon. Car la ville de Bologne s'étant tournée contre eux, l'an 1214, elle abattit les remparts de la ville, ce qui fut cause que les Imolais demandèrent la réunion, pour laquelle on croit que les Bonfigli s'employèrent beaucoup, attendu les grandes liaisons qu'ils avaient à Bologne où ils étaient fort puissants, et à cet effet, ils furent envoyés en qualité d'ambassadeurs au sénat de Bologne, devant lequel ils se prosternèrent avec la corde au cou. C'était André Zeno, noble vénitien, qui dans cet intervalle gouvernait les villes d'Imola et de Bologne avec le titre de podestat. D'après ce fait, ceux du parti gibelin ayant été chassés par les Bolonais, et parmi ceux-là y ayant quelqu'un de la famille Bonfigli, on croit que ce fut là la cause de sa division, et que les uns se retirèrent à Sienne, les autres à Ferrare et à Lucques, où chacun se fixa peu à peu, formant ainsi de cette famille autant de branches. De celle de Sienne, que l'on croit la première branche, on n'en a point d'autre connaissance qu'elle s'est toujours maintenue noblement, et qu'elle a eu un évêque de la même ville, homme d'un très-grand savoir et d'une grande piété, et qui fonda en ladite ville un couvent des pères servites, comme le rapporte *Archange Giani Armaliani, sancti ordinis fratrum servorum beatæ Mariæ virginis*, imprimé à Florence chez Guenti, l'an 1616, où au livre 1er, chap. 17, lettre C, en décrivant les malheurs de ces temps, il s'exprime ainsi : *Nam illis temporibus, ob novas Ghibellinorum et Guelforum factiones, quibus alteri ab alteris diripiebantur trucidabanturque, et unusquisque quotidiè novis cladibus vexabatur; quamobrem plurimi eo tempore propriæ consulentes saluti ad religiones veluti ad sacrum asylum confugiebant. . . . . Contigit autem eodem anno ut Bonfilius, Senensis episcopus, in doctrinâ et pietate insignis, cùm prædictorum patrum et novi ordinis nomen Florentiæ audisset, famâ et religione eorum commotus animum appulit ad eos in suam Senensem civitatem deducendos. Quarè F. Bonfilium fuit statim hortatus ut quosdam ex fratribus secum mitteret Senas quo eâ in urbe cœnobium erigeretur ad honorem beatæ Virginis, sub cujus etiam titulo et patrocinio urbs etiam vocabatur civitas Virginis.* Et à la page 153, lettre B.

La provenance de la branche de cette famille des Bonfigli, nobles imolais et bolonais, est encore prouvée par un diplôme accordé par Sa Majesté le roi de France, le mois de juin de l'an 1635, aux autres branches de cette famille existantes en France, auxquelles il permet de conserver dans leurs armes les trois fleurs de lis d'or;

et dans les lettres patentes que conserve M. le marquis de Bonfils à Orange, le roi rappelle l'éclat et l'origine de cette noble famille venue d'Italie, et fort illustre à Imola et à Bologne, d'où sortirent différentes branches; et faisant mention de celle de Sienne, il parle entre autres d'Antoine, évêque de cette ville, où il fonda un couvent magnifique de l'ordre des serviteurs de Marie, qui existait encore à l'époque de ces lettres patentes, dans lesquelles il est dit aussi que le fondateur et patriarche dudit ordre était de la même famille des Bonfigli. A Rome on n'en connaît point les preuves.

Cependant ce bienheureux Bonfigli, chef des sept premiers bienheureux, patriarche et premier général dudit ordre, était de la famille des Bonfigli de Monaldosi, descendant de la royale maison d'Anjou, comme le prouvent en premier lieu le père Alasia, servite, dans son livre intitulé *Alphabet historique* de l'an 1622, rapporté dans celui de la canonisation des sept bienheureux de l'ordre desdits servites, fait à Rome, l'an 1743 (voy. fol. 134), et en second lieu le père Ange Possenti, dans le nouveau catalogue des bienheureux dudit ordre, imprimé l'an 1656, page 54, ce qui est rapporté dans ledit livre de la canonisation folio 125 à 129; ce bienheureux Bonfigli, dis-je, doit être descendant de la même famille d'où proviennent les Bonfigli, lesquels, suivant une des susdites opinions, étaient eux-mêmes de la famille d'Anjou, et prirent le nom de Bonfigli de quelqu'un de la famille appelé Bonfiglio, comme les autres appelés Monaldosi de Monaldo, lequel nom de Bonfiglio était anciennement fort en usage dans la famille.

On voit que dans les premiers temps on s'en servait soit à Imola, soit à Bologne, où aux écritures de Pascal

Alidosi, notaire de Bologne, chez Nicolas-Jean Antoni, l'an 1141, il est fait mention de Guido, enfant de Bonfiglio Bonfigli, et d'un autre Bonfiglio dans les *Mémoires de la Chambre,* à Bologne, lettre D ; comme aussi à Osime, où dans le xi° siècle il y eut saint Bonfiglio Bonfigli, et dans la chancellerie de Lucques, au *Livre des réformes,* folio 120, il est fait mention de Blaise, enfant de Bonfigliolo, qui se transporta en cette ville, et on voit ce nom en usage même en ces derniers temps, puisque le père de M. Bernardin, vivant à Rome, s'appelait Ange Bonfilio Bonfigli.

L'autre branche se forma à Ferrare, et ce fut Pierre qui s'y établit le premier. Celui-ci était enfant d'Albert qui se rendit à Bologne avec ses frères et enfants, après ladite réunion entre Imola et la ville de Bologne ; et l'on croit que, pour fuir les continuelles dissensions et guerres civiles occasionnées par les factions des Guelfes et des Gibelins, il laissa parmi celles-ci son père, ses frères, ses oncles et Baronello, son fils, qui se distingua beaucoup dans le militaire. et qui l'an 1314 se signala à Castelfranco sous la conduite de Julien Malvezzi, et qu'ayant abandonné ces pays, il se retira à Ferrare où il se fixa, et y établit la branche appelée des Bonfioli et Bonfiglioli suivant le dialecte de Ferrare.

Cette branche se soutint toujours avec éclat, et fut regardée comme noble. Mais vers l'an 1454, ladite branche passa de nouveau à Bologne, où, pour se distinguer de Bonfigli, elle prit le titre de comte et conserva le dialecte ferrarais, en se faisant appeler des comtes Bonfioli et quarante Bonfiglioli. Pompée-Scipion Dolfi, écrivain moderne, dans la chronologie des familles nobles de Bologne, écrite dans le temps que l'autre branche des Bonfigli, restée à Bologne, s'était éteinte dans un père jésuite, et que Dorothée Bonfigli, dernière de cette même branche, avait passé dans la maison des Castelli, précédemment princes de Narni, comme il l'atteste lui-même, fol. 255, et que celle d'Imola s'était déjà depuis longtemps établie à Gualdo dans l'Ombrie et de là à Rome; ledit Dolfi, en parlant de la susdite branche qui, dans son temps, s'était déjà transplantée de Ferrare à Bologne et y jouissait de la dignité de sénateur, et s'y distinguait même par le titre de comtes Bonfioli de Falcino et quarante Bonfiglioli, atteste vraisemblablement la provenance de la famille Bonfigli et Bonfiglioli d'Imola et Bologne, laquelle était tout à fait éteinte dans lesdites villes par l'extinction de la branche qui était demeurée à Bologne, et par le passage de la souche de la famille d'Imola à Gualdo, et ensuite à Rome. C'est pour cela qu'il ne se chargea point de la chercher, son projet étant seulement de parler des nobles familles de Bologne qui existaient alors dans ladite ville. Aussi, n'ayant point tous les renseignements nécessaires, il parle vaguement de quelques personnes de cette famille, et s'exprime ainsi à la page 201 de son ouvrage :

« On croit que la noble famille des Bonfigli, appe-
» lée aussi sur des anciens marbres et inscriptions des
» Bonfiglioli, est la même que les Bonfiglioli et Orsucci
» de Lucques, lesquels ont eu dans cette ville plu-
» sieurs grands hommes, et on trouve qu'elle est
» ainsi nommée anciennement à Bologne, et qu'elle
» y a eu des personnages de grande considération.
» Il y a des mémoires de l'an 1314 qui font mention
» d'un certain Bonarello, enfant de Pierre, très-

» vaillant soldat à Castel Franco sous la conduite de
» Julien Malvezzi. Il y est fait mention aussi de plusieurs
» autres personnages décrits dans les matricules de la
» société, et de plusieurs autres alliances même plus
» anciennes. »

Ici l'auteur, à défaut de renseignemens que la famille des Bonfils ne put luï fournir, parce qu'elle était alors éteinte à Bologne, et que de la ville d'Imola elle s'était transplantée à Gualdo et ensuite à Rome, confond les temps et ne peut donner les preuves de ces alliances qui ont formé les branches d'Osime, de Messine, de Sienne, de Bologne et d'Imola, d'où sort toute la famille, et quoiqu'il eût eu quelque connaissance de ces mémoires qui subsistent à Bologne, il continue en ces termes :

« Etant fort probable que tout cela n'ait formé
» qu'une famille avec la maison Bonfiglioli d'Imola,
» attendu qu'anciennement les villes de la Romagne
» avaient été sujettes à Bologne depuis l'an 1050. On
» a des mémoires fort respectables de la susdite fa-
» mille dans la personne de Gratien, sénateur, homme
» prudent et de grand poids, et dans celle de plusieurs
» autres personnages fameux, comme on peut le voir
» dans Vecchiazzani et dans les chroniques de la ville
» d'Imola ; mais à cause des guerres civiles, ces fa-
» milles ayant été obligées de changer de pays, celle-
» ci se trouva placée à Ferrare, où elle eut d'abord
» des postes distingués, ainsi que le prouvent les mé-
» moires et les marbres où se trouve gravée dans la
» bande une flèche. Cette bande est couleur d'azur
» dans un champ rouge, avec dessus les fleurs de
» lis qui subsistent encore dans ladite ville. Dans les-

» statuts de l'an 1292 on lit au nombre des sages
» Guillaume Bonfioli; et dans ceux de 1403 on voit
» que Jacques d'Antoine, chancelier de Ferrare, donna
» le titre de citoyen de ladite ville à André Angelelli,
» noble bolonais; dans les statuts enfin, on voit qu'il
» y avait alors un certain Marc, chevalier de Jéru-
» salem. »

Sans parler de plusieurs autres personnages sortis de cettedite ville, il est certain que cette famille est venue à Bologne, où elle jouit de la dignité de sénateur et de plusieurs autres titres. Je dirai seulement quelque chose dans la suite, relativement au retour de cette branche. Quant à la provenance de cette même branche de Ferrare, de la noble famille Bonfigli ou Bonfiglioli d'Imola et de Bologne, ainsi que du retour des Bonfigli d'Imola à Bologne, et du temps auquel cette branche se répandit à Ferrare, outre plusieurs actes publics, la ville d'Imola nous en a laissé une attestation publique depuis le siècle dernier, c'est-à-dire depuis le 14 décembre 1696. Ladite attestation est enregistrée dans la grande secrétairerie de cette ville, folio 199, et elle est conçue en ces termes : *Vexillifer et conservatores civitatis Imola pro S. R. E. veritati testimonium perhibemus et justitiæ pensum requisiti persolvimus, nobilis et pervetusta Bonfiliorum familia quæ hodierno tempore patriciatûs honore perfulget. Quam Bonfiliorum familiam in hâc nostrâ civitate per sex fermè sæcula inter nobilissimas recensitam, publicis decoratam muneribus armis litterisque conspicuam, nobiliore sanguine propagatam, nostra demonstrant publica monumenta scripturæque in archivio publico fideliter integrèque observatæ.*

La troisième branche se répandit à Lucques, comme il est prouvé entre autres par ledit Pompée-Scipion Dolfi dans l'endroit cité, où il est dit que cette branche, appelée des Bonfigli, ensuite Orsucci, descend des Bonfigli, nobles imolais et bolonais, et qu'elle est la même que celle de Ferrare qui se rétablit à Bologne. Outre le susdit auteur François Sansavino, Nicolas Piatesi et Martin Bernardin en font un rapport fort distingué dans leurs *Mémoires de Lucques*. Bonfigliolo Bonfigli fut aussitôt admis aux premières charges de cette république, et l'on voit que l'an 1331, sa famille fut nommée dans le solennel serment de fidélité prêté à Jean, roi de Bohême. L'on y voit également nommés Vannocoro, Pierre Orsuccio et Pietrino, enfants dudit Bonfigliolo, comme il appert folio 40 et 47 des mémoires de l'an 1381, de ceux-ci et de MM. Blaise et Marin, autres enfants dudit Bonfigliolo.

Dudit Pierre Orsuccio, nom fort en usage dans cette branche, naquit Orsuccio, homme extrêmement distingué, qui changea le nom de Bonfiglio en celui d'Orsuccio, comme il est prouvé par les susdits écrivains, et en outre par un acte de l'an 1347, conservé dans les archives. Les enfants dudit Orsuccio furent Alanno et Barthélemi, qui eurent tous plusieurs charges honorables dans cette ville et ailleurs.

L'an 1426, le premier de ces enfants fut nommé commissaire à Castel Nuovo, ainsi qu'il appert dans un procès de l'an 1425, aux actes de Pierre Zannetini et dans le livre des réformes qui se trouve à la chancellerie de cette république, depuis 1392 jusqu'à 1431. Les successeurs dudit Orsucci ont ensuite conservé le même nom et ont montré dans toutes les occasions avoir hérité des qualités de ces familles. Ils ont même prouvé légitimement leur descendance de la susdite noble famille des Bonfigli d'Imola et de Bologne, sans autre variation que celle du nom, comme on le voit dans les ouvrages de Joseph Civitali, de Martin Bernardini et de Nicolas Piatesi, lequel dans *le Livre des antiquités de Lucques*, et dans la partie où il a placé l'éloge des familles nobles de cette république, nomme indifféremment les Bonfigli, Bonfiglioli, appelés ensuite du susdit nom d'Orsuccio. Ledit sieur Alanno n'eut point d'enfants ; mais du sieur Barthélemi naquirent Christophe, Lazare, Marc et Nicolas. Du premier et du dernier de ces enfants il existe encore aujourd'hui huit familles, toutes nobles, qui jouissent des premières charges de la république. La susdite branche a donné aussi des hommes célèbres en politique. Elle a eu plusieurs ambassadeurs en différentes villes, et plusieurs officiers dans la république. Elle a également donné des hommes qui se sont distingués dans les sciences et dans les charges ecclésiastiques. Ces hommes illustres sont cités par les susdits auteurs, et entre autres par Sansavino, Piatesi, Civitali, Bernardini et autres écrivains de Lucques. Une chose digne de mémoire, c'est que le *bienheureux Ange* ayant fait sa profession chez les dominicains, et étant allé prêcher au Japon l'an 1622, il y mourut le 10 de septembre, et qu'après avoir essuyé tous les tourments et avoir été chargé de fers, il fut enfin jeté dans les flammes, ainsi que le rapporte le père Louis Sesti, dominicain, qui en a écrit la vie imprimée à Lucques, chez Paci, l'an 1682. Au chapitre II de ce livre, l'auteur parle aussi de la noblesse de sa famille.

On dit que les autres Bonfils, qui sont restés à Imola et à Bologne, s'y établirent après la paix de 1264, et que Boniface eut de Bentivoglio la charge de commandant des armées de la république qui était alors en guerre avec les Pisans. Mais on rapporte aussi que quelques années après ils commencèrent à se soulever contre les Guelfes de nouveau, et que le soulèvement et tumulte, ayant occasionné un grand massacre parmi les citoyens, fut cause que les Bonfigli furent chassés d'Imola et de Bologne, et obligés de se retirer avec les Lambertazzi, Asinelli et autres familles nobles de Gibelins, à Faenza où il furent trahis, au moyen d'un petit cochon, par un certain Tibaldello Zaratone Zambresi de Faenza, lequel ayant introduit les Guelfes dans cette ville, ceux-ci firent un massacre de ces familles, parmi lesquelles un des Bonfigli mourut. Un autre, appelé Jean, s'évada de l'état, et l'on croit qu'il se retira auprès du dauphin de Vienne dont il soutenait le parti. Ce même Jean Bonfigli passa ensuite en France, et nommément à Gap où il se maria. On prétend que tous les autres de cette famille se retirèrent dans leurs biens, à Forli, où ils furent accueillis avec plaisir, principalement à cause des grandes liaisons qu'ils y avaient, et l'on croit que c'est ce fait arrivé à Faenza qui a donné l'origine de la fête della Porchetta, que l'on fait toutes les années le jour de St.-Barthélemi, sur la place de Bologne.

En 1136, la ville de Faenza eut pour gouverneur un de la famille, c'est-à-dire monseigneur Horace-Marie. Suivant ladite opinion, le susdit Jean entre autres étant échappé au danger et à la surprise que les Guelfes lui firent par trahison à Faenza, alla, comme j'ai dit, à Gap dans le Dauphiné, et s'y maria avec l'héritière de la maison Moncalquier, et ce fut à l'occasion de ce mariage qu'il fut obligé de prendre le nom de Moncalquier, ainsi que ses armes qui sont un chevreuil d'or dans un champ d'azur et une étoile d'or par-dessus. De ce Jean Bonfigli sortirent plusieurs tiges qui se sont répandues hors de l'Italie. En effet, l'on sait que ce Jean eut plusieurs enfants, parmi lesquels l'un passa en Périgord[1] ; ses descendants furent connus sous le nom de Lamoyssie et de Lavernelle. Son arrière-petit-fils s'établit en Bretagne du temps de Duguesclin; un autre en Piémont, et les autres dans différentes provinces de la France, où se répandirent maintes branches de la famille Bonfigli, qui ne dégénérèrent nullement de cette ancienne et noble famille Bonfigli d'Imola et Bologne, de laquelle ils tiraient leur origine.

Pour ce qui est de la branche transplantée en Bretagne, nous n'avons pas de connaissances sûres de son

---

[1] Cette branche, connue depuis sous le nom de Bonfils Lablénie, s'est fondue depuis dans la famille de Lapeyrouse, aujourd'hui représentée par le comte de Lapeyrouse de Bonfils, préfet du Doubs.

La famille de Lapeyrouse est une des plus anciennes de France. On voit dans la charte d'Acre et dans le livre de M. Roger, *la Noblesse de France aux croisades*, année 1250, lettre L., Guyenne et Limousin, un sire Amblard de Lapeyrouse qui fit partie de l'expédition de saint Louis. Elle a fourni huit officiers généraux, dont l'un s'illustra sous les murs de Dantzick en 1734; six colonels de renom et une foule d'officiers de tous grades. Elle s'est alliée en Espagne, par l'entremise du fameux duc de Vendôme, à une princesse du sang de Bragance. Dans l'espace d'un siècle, de 1650 à 1750, neuf de ses membres sont cités avec éclat dans les bulletins officiels et l'ancienne *Gazette de France*.

progrès. On sait seulement qu'elle a été fort illustre, que ses descendants se sont établis en Angleterre où on les appelait milords, et que celle de Piémont a été fort noble et distinguée ; car, outre plusieurs chevaliers de l'ordre de St.-Maurice et de St.-Lazare, celle-ci a eu un premier président au parlement de Turin, et un secrétaire d'état de Son Altesse le duc de Savoie. On croit que cette branche est éteinte dans un moine de Citeaux.

En France également, cette famille a toujours été en bonne réputation, et a formé plusieurs branches fort illustres et respectables, surtout en Provence et en Dauphiné. Le susdit Jean, seigneur de Moncalquier, qui, comme on a dit, passa le premier de la Romagne en France et se retira à Gap, fit d'abord l'acquisition de plusieurs fiefs et eut le plus beau domaine de cette ville. Outre plusieurs seigneuries que cette branche a possédées, elle a rempli les plus grands emplois. Enfin elle a eu un abbé de St.-Victor à Marseille, qui obtint de la reine Marie, comtesse de Provence, la confirmation des priviléges de son monastère de la Cellule. Elle a eu également plusieurs procureurs du pays, des consuls d'Aix, et a possédé des charges très-respectables, des conseillers du roi au parlement, des lieutenants-généraux criminels et civils, des premiers juges, des chanoines de la principale église de Provence, des abbés, des capitaines et des chevaliers de l'ordre de Malte, employés par le roi de France dedans et hors du royaume. Elle a possédé enfin la cinquième partie de la ville d'Aix, qui s'appelle encore le Bourg-Bonfils, ou autrement Ville-Verte, bâtie l'an 1601 par Joseph de Bonfils.

On voit encore aujourd'hui, parmi les clefs d'argent que les consuls d'Aix offrirent à Notre-Dame-d'Espérance, celle de la porte du Bourg-Bonfils avec ses armoiries, et cela se voit par le droit de redevance payé à Jean Elzéar de Bonfils, son seigneur, enfant d'Antoine, conseiller au parlement, et neveu dudit Joseph. Celui-ci, comme l'appelle la rote de Rome, dans une de ces décisions : *Nobilis vir Josephus de Bonfiliis, primus judex senescaleatûs Aquensis*, fut fait héritier de sa cousine, la marquise de Guigonet, une des premières dames d'honneur de la reine de France, et dame des Taillades, ainsi qu'il appert par les décisions 109, 296, part. 17, décision 53, 186, part. 18, tome 1. Ledit Joseph se maria en premières noces avec mademoiselle Honorate de Hulme, le 27 juin 1557. De cette femme il eut Denis, Pierre et Adam, qui fut ensuite conseiller du roi, et deux filles, Susanne et Madeleine. En secondes noces avec mademoiselle Diane d'Athenosy, d'Avignon, veuve de M. Pierre du Piget, conseiller du roi au parlement d'Aix, par contrat du 14 septembre 1592. Il eut sept enfants, à savoir : Ange, André, Paul, Jean-Baptiste, François, Sibille et Marie. Les filles dudit Joseph furent toutes mariées à des personnes apparentes de la province; car Susanne épousa M. Scipion de la Cepède, et Sibille épousa en premières noces M. Pierre de Puyricar, le 8 septembre 1619 (Not. Reyne de Mallemort), et en secondes noces elle épousa M. Costant d'Agar, le 7 janvier 1626. Marie épousa M. Palamède de Virail, seigneur de Voilié et lieutenant du roi. La fille de celle-ci épousa M. de Gaillard. Toute cette famille d'Aix s'est éteinte dans la personne de Thérèse de Bonfils, d'où sont sortis les MM. de Roux, de Guigonet, et les MM. Bossy, leurs successeurs.

De l'autre branche, qui de Provence passa à Orange, il y a Jean II, qui, ayant été obligé d'abandonner la Provence où sa famille s'était établie, se retira dans le Comtat, à l'occasion d'un duel où il tua le baron de Confous. Mais, ayant ensuite obtenu sa grâce du roi, il se fixa à Orange où il établit sa famille, qui existe encore aujourd'hui dans la personne de deux officiers du roi, l'un dans le régiment d'Auvergne, qui a épousé sa cousine, fille du comte de Lacanorgue, et l'autre qui, en qualité de chevalier de Saint-Louis, sert dans le régiment de marine, où son père avait également porté les armes. La noblesse de toutes ces branches répandues en France, ainsi que la provenance de la famille des Bonfigli, nobles imolais et bolonais, se trouve prouvée par le procès qui fut fait lors de l'admission d'un chevalier des Bonfils à l'ordre de Malte. Elle est aussi prouvée par ce diplôme en date du mois de juin 1635, dans lequel Sa Majesté accorde à la branche des Bonfigli-Canaux l'honneur de pouvoir retenir dans leurs armoiries les fleurs de lis, ainsi qu'il l'avait déjà accordé aux autres tiges de cette famille, la provenance et la noblesse de laquelle sont rappelées dans ledit royal diplôme que M. le marquis de Bonfils, d'Orange, conserve.

On prétend que les autres Bonfigli qui, comme nous avons dit ci-dessus, échappèrent au danger lors de la surpise que leur firent les Guelfes à Faenza, se réfugièrent dans leurs terres situées à Forli, où les gens du pays les reçurent avec bonté, ensemble avec les Asinelli, Lambertazzi, et plusieurs autres familles de distinction auxquelles ils étaient alliés. Ces familles sont au nombre de seize, ainsi que l'atteste Flavius Biondi, dans le livre 8 de son histoire, où à la page 322 il s'exprime ainsi : *Per Lugdunensis concilii tempus Bononienses Guelfi, equitatus florentini auxilio freti, Lambertinos Asinellosque et ejus factionis familias sexdecim præstantissimas imperatorias, ut appellabant, Ghibellinos, urbe ejecerunt. Omnes cum uxoribus et filiis benignè à Foroli vicensibus sunt excepti.* Et quoique les Guelfes tentassent de les chasser de ladite ville, par le secours de Guillaume Durando, qui la gouvernait au nom du pape Célestin V, Bonfiglio quatrième, et Arsendino, enfant de Pierre, et ledit Pierre, enfant de cet Albert Bonfigli, noble imolais, qui, comme il a été dit, s'était retiré à Ferrare, s'unirent à quelques autres nobles et y rentrèrent courageusement, ainsi que le rapportent entre autres Bonoli, dans son histoire de Forli, liv. V, page 116, imprimée à Forli, l'an 1661, in-4°, par Cimatti et Vizzani, comme il conste aussi par les manuscrits qui sont chez Jean-François Nigri, à Bologne. Le pape Nicolas III ayant ensuite envoyé le cardinal Frangipane et Bertoldo Orsini, ses neveux, pour apaiser les différends qu'il y avait entre les Bolonais, lesdits légats, ayant appelé plusieurs des chefs de la faction gibeline, parmi lesquels on dit qu'il y eut des Bonfigli, Asinelli, Lambertazzi, Bulgari, Carrari, Mariscotti et plusieurs autres de leur parents, ils leur accordèrent la liberté de pouvoir retourner à Bologne, comme le rapporte aussi Pompée Vizzani, dans son *Histoire de Bologne*, au livre 4, page 146. Nonobstant tout cela, il s'éleva de nouveaux différends, au point que Jean d'Appia, retournant de Naples avec son armée, fut obligé de marcher contre ces Gibelins qui, s'étant évadés de Bologne, erraient dans les campagnes ; mais les Gibelins et le comte Guido de Montefeltro, capitaine des troupes de Forli, s'apercevant de ne pouvoir leur résister, on prétend que l'an 1283 ils se rendirent à certaines conditions, et que s'étant remis à ceux de Césène, ils se rangèrent du parti de l'Eglise. Par ce moyen, ils occupèrent de nouveau les charges non-seulement de la ville d'Imola, mais encore celles de Bologne, où l'on voit que l'an 1300, les Bonfigli étaient du nombre des sages qui gouvernaient la république, et qu'ils furent ensuite distingués et considérés par le cardinal Napoléon Orsini, envoyé par Clément V, en qualité de légat en Italie, qui alla à Bologne pour apaiser l'esprit de ses habitants. Mais le parti des Guelfes l'ayant regardé comme suspect, pour s'être montré en faveur des Bonfigli et des autres familles gibelines, il fut obligé de sortir de Bologne.

On dit que le cardinal légat suggéra au pape d'appeler à soi quelqu'un de la famille Bonfigli pour l'attacher au saint-siége, ce qui arriva en effet, car Procul Bonfigli, que l'an 1299 les Bolonais députèrent avec Xavier de Canetoli pour la société del Leone, ce même Procul (que Dolfi nomme Bonfiglioli, et dit être de la même famille d'Imola, une branche de laquelle, s'étant retirée à Ferrare, vint encore à Bologne, l'an 1250), écrivit au sénat de Bologne, l'an 1309, lui conseillant d'envoyer des ambassadeurs au pape, pour le prier d'ôter son interdit de la ville, ce qui ayant été exécuté, on obtint la grâce, comme le rapportent Ghirardacci et Dolfi, dans l'endroit ci-dessus, où il parle de la branche des Bonfigli, qui de Ferrare était revenue à Bologne, l'an 1450, et où il est dit que de son temps cette branche se distinguait de celle qui était éteinte à Bologne en s'appelant quarante Bonfioli, et comtes Bonfiglioli de Falcino dont ils avaient eu l'investiture.

La famille Bonfigli s'étant enfin rendue obéissante et soumise au saint-siége, elle lui montra dans la suite beaucoup d'attachement. L'an 1326 et 1328, les Bonfigli formèrent à Bologne un parti pour le saint-siége, en faveur de qui combattirent Franco et Bonagiunto, lesquels avec plusieurs nobles s'unirent au roi Robert et au duc de Calabre, comme le rapporte Gherardazzi, part. 2, liv. 20, pages 71 et 82, l'an 1356.

Philippe de Ricuobono Bonfigli fut un des chefs qui conjurèrent contre l'Olleggio qui affectait de tyranniser Bologne, ainsi que le rapporte Gherardazzi, dans son livre 3, page 231, et l'an 1450. Benoît, Jean et Pierre Bonfigli, unis aux Canetoli, Ghislieri, Pepoli et autres de leurs parents qui étaient tous hors de Bologne pour avoir tué Annibal Bentivogli, soutinrent le parti du pape avec Ange Pic de Carpi et M. de Corregi contre les Bentivogli. Ils mirent dans cette occasion trois mille soldats sur pied à leurs dépens, comme le rapporte Crescenzi, part. 12, narration 7, chap. 3, page 348.

Malgré les grandes révolutions que la famille Bonfigli a essuyées dans le XIIIe siècle, à l'occasion des guerres civiles suscitées par les deux factions des Guelfes et des Gibelins, lesquelles révolutions la mirent plusieurs fois hors de Bologne et même hors d'Imola, nonobstant, dis-je, les grandes dépenses faites dans ces occasions, cette famille se soutint toujours avec éclat.

et ne dégénéra point de cette noblesse qui l'avait distinguée depuis le commencement, ce qui est prouvé par les charges honorables qu'elle a occupées, par les grands biens qu'elle possédait à Imola et à Bologne. Outre Bonfiglio, enfant de Jacques Bonfigli, lequel, après avoir été cinq fois ancien de Bologne, fut, pour la république de Venise, collatéral ou lieutenant à Vicence, comme rapporte Alidosi, traité de *messieurs les anciens et collègues*, et François, lequel l'an 1350, à cause de la dissension des enfants de Bertrand Alidosi, seigneur d'Imola, fut recteur de ladite ville, il y a Boniface, appelé aussi Facciolo Bonfigli, qui fut élu connétable de Bologne comme on peut le voir même au liv. provit. A, année 1335, à fol. 20, 29, 31, dans la chambre de Bologne.

Dans le renouvellement du conseil de l'an 1375, Jacques Bonfigli se trouve inscrit parmi les anciens, et est appelé Bonfiglioli, lequel nom distingue Orelino qui, dans les mois de juin et juillet de ladite année, fut gonfalonier du peuple. Il en est de même de plusieurs autres indifféremment appelés Bonfigli, Bonfioli et Bonfiglioli, quoiqu'ils ne soient pas de la branche des comtes de Falcino, qui étaient depuis longtemps à Ferrare, laquelle, l'an 1450, se retira à Bologne où elle s'était séparée de la souche de la famille, l'an 1380. Paul, qui avait été ancien de Bologne (comme on le voit dans les livres de la chambre), fut fait conseiller de la porte Stieri, l'an 1387, comme le rapportent Gherardazzi, *Hist. de Bologne*, part. 1, liv. 12, pag. 377, 384, et Martini dans son livre intitulé : *Bologna perlustrata*.

Lorsque Urbain VI livra Imola aux Bolonais, ledit Paul alla avec André, son père, à Milan, de là à Padoue, Benoît, enfant dudit Paul Bonfigli, était fort estimé à Imola et à Bologne, à cause de son grand esprit et de sa bravoure. C'est pourquoi, l'an 1440, il fut expédié, avec Galeotto Canetoli et Thomas Grassi, à Nicolas Piccinini, capitaine du duc de Milan, qui était alors dans la Romagne. Mais par ordre dudit duc, il fut fait prisonnier dans la tour ou roche d'Imola, comme il est prouvé par Ranieri, dans les manuscrits qui sont dans la bibliothèque des moines de Saint-Jacques à Bologne ; et ce fait est même rapporté par Muratori, *rerum Italiæ*, tom. 22, page 278 : *A duce Mediolani, Galeotus Canetolus et Benedictus Bonfilius in locis diversis detenti sunt.*

Cette famille avait à Bologne un fort beau palais. L'on prétend que c'est celui que le sénateur Monti possède aujourd'hui. Elle jouissait du juspatronat de la chapelle de Sainte-Marie, dans le château d'Argile, comme il appert du livre des testaments de la fabrique de Sainte-Pétrone (Pierre-Louis Codagnelli, l'an 1399), outre le juspatronat de Saint-Pierre *in Scotto*, de Forli, et celui du monastère et de l'église de Sainte-Marie-des-Anges, bâtie à *fundamentis* par André, enfant de Pierre Bonfigli, mari de Julie Paselli, pour six de ses filles, c'est-à-dire Hélène, Dorothée, Lucrèce, Sulpice, Victoire et Barbe.

Ce fut le père François Palmia, jésuite, qui donna la règle au susdit monastère, laquelle règle fut approuvée par le pape, tandis que le cardinal Paleotti était archevêque de Bologne. Quant à la bâtisse et à la fondation de ladite maison, ce fut ledit André Bonfigli qui y dépensa plus de 250,000 fr. Ensuite, ledit Paul, fils d'André, étant mort, tandis que, chassé de Bologne, on le conduisait de son palais de Carpi à Bagno, par le moyen de son héritage les revenus dudit monastère s'augmentèrent bientôt à la somme annuelle de 25,000 fr., comme il appert aux actes de maître Gherardi, dans les mois de novembre et décembre de l'an 1569, numéro 148 des écritures qui sont chez ces religieuses, ainsi que par le testament dudit André, de l'an 1583.

Cette famille possédait également beaucoup de biens à Imola, à Forli, dans le village appelé du Bourg et à Bagno, dont la plus grande partie était aux Bonfils. L'église principale de ce pays avait été bâtie par ledit Pierre, père d'André. Enfin, outre les biens qu'ils avaient à Bologne, ils possédaient encore un quartier de la ville appelé pour cela Via Bonfiglia, ainsi que le rapporte, entre autres, Pasquali, dans son *Traité des rues de Bologne*. Mais les biens qu'ils avaient en cette ville étant fideicommissaires, furent dévolus avec le palais à Boniface, fils de Benoît, qui s'établit et mourut à Padoue, où l'on voit le tombeau que Boniface, son fils, lui fit dresser dans l'Église de Saint-Antoine-des-Cordeliers avec l'épitaphe dont fait mention Jacques Salomoni, dans son traité *Agri patavini inscriptiones sacræ et profanæ*, imprimé à Padoue, l'an 1696, à fol. 414, n° 288. Ce même Benoît qui, comme nous avons déjà dit ci-dessus, avait été fait prisonnier par le duc de Milan, ayant été mis en liberté avec Jean Bonhuomo, Pierre et plusieurs autres de sa famille, il rompit avec Bentivogli, et s'étant uni aux Canetoli et autres de leurs parents, ils attaquèrent ledit Annibal Bentivogli au moment qu'il revenait de la cathédrale où il avait tenu aux fonts baptismaux un enfant de François Ghislieri, et le tuèrent le 24 juin 1445.

Ledit Bentivogli étant mort, ceux de la maison des Ghislieri donnèrent un signal à leurs partisans qui sortirent de l'église de Saint-Isaïe où ils étaient réfugiés, et ayant été aussitôt à la rencontre des quatre enfants de Louis Mariscotti, ils en tuèrent trois. Le quatrième s'échappa, et ayant été soutenu par le second parti des Bentivogli, il se jeta dans la maison des Canetoli, des Bonfigli, des Ghislieri et autres adhérents, lesquels furent tous obligés de s'enfuir hors de la porte Saint-Félix, une heure avant la nuit du 24 juin 1445.

Environ la même année, ledit Benoît alla à Venise où l'on croit que la famille Bonfigli s'était déjà retirée depuis quelque temps. Il passa de là à Padoue où il établit le premier sa famille, comme on le voit dans Uriani, dans la chronique appelée *Bianchetto*, dans celle de Guidotta et de François de la Rua, en manuscrit, et dans ledit Salomoni, fol. 416, où, en parlant de la maison dite des Bonfii, qui à Padoue a son origine du susdit Benoît, il s'exprime ainsi : *Familia nobilissima quæ vigentibus Guelforum et Gibellinorum factionibus Bononiâ pulsa Venetias primùm, indè Patavium migravit.* La mort de Bentivogli fut l'époque de la dernière division de cette famille qui, se trouvant hors de Bologne, se divisa et se transporta, partie à Padoue et en Lombardie, partie, comme l'on croit, retourna à Bologne où elle obtint sa grâce ; une autre partie enfin revint à Imola d'où la souche de cette famille était partie, pour ne point être sujette au duc Valentin qui s'en était rendu maître, passa dans le duché de Spolète, et de là à Rome où cette famille subsiste toujours, comme on le verra dans la suite.

Pour ce qui est de la branche de Bologne, elle finit et s'éteignit dans la noble famille des Castelli, tandis que l'autre branche que nous avons dit s'être retirée à Ferrare, lorsque cette famille, en 1278, fut exilée, y était revenue de Ferrare depuis l'an 1458. Ce qui conste par l'attestation publique de la ville d'Imola, et est aussi rapporté par Pompée-Scipion Dolfi, qui, parlant de cette branche de la famille Bonfigli revenue de Ferrare à Bologne, l'an 1458, et appelée des quarante Bonfioli et Bonfiglioli, assure n'être qu'une seule famille avec les Bonfigli d'Imola, et qu'elle descend de ce Gratien qui l'an 1050 fut sénateur d'Imola; il assure avoir été anciennement à Bologne, où elle a eu plusieurs personnages respectables.

La branche qui s'était transplantée en Lombardie, passa ensuite sous la domination du roi de Turin; elle s'est toujours soutenue avec éclat et va s'éteindre dans la personne du très digne père Hyacinthe-Marie Bonfigli, prêcheur, théologien de la Minerve et secrétaire de la congrégation de l'index, qui est le dernier de cette branche.

Quant à la branche de Padoue, elle subsiste encore aujourd'hui, et c'est d'elle que descend noble M. Robert. Celle-ci s'est également soutenue avec beaucoup d'éclat, et a toujours fait la première figure dans le pays. Elle a donné à la patrie des grands hommes en sainteté, dans les lettres, ainsi que dans les armes. Ange Portenari, dans son livre intitulé: *Felicità di Padoa*; César Clementini, dans son *Histoire de Rimini*, seconde partie; Louis Mascardi, dans son *Histoire de Vérone*, liv. 12, fol. 642; Berti, *Famil. Padoan*, et Jean-Baptiste Contarini, dans son *Histoire de Venise*, liv.

16, parlent tous d'une manière très avantageuse de cette branche des Bonfigli établie à Padoue, où, suivant le langage du pays, elle est appelée Bonfio. Le premier qui s'établit dans cette ville fut Benoît, père de Boniface, lequel, comme nous avons dit ci-dessus, fut un homme fort puissant et fort estimé. Ce même Benoît, après avoir été détenu dans la tour ou roche d'Imola, et avoir tué Bentivogli en compagnie de plusieurs parents, s'en alla à Venise où il fut accueilli avec beaucoup de distinction, à cause de la noblesse de sa famille déjà connue dans cette république par ses talents et sa bravoure, ce qui a donné occasion à Salomoni, dans l'endroit cité ci-dessus, de l'appeler *Benedictus ex hâc gente rebus pro republ. Venetâ gestis clarus*. Jean-Baptiste Contarini en fait aussi l'éloge dans son *Histoire de Venise*, au liv. 16. Les charges respectables que cette branche de Bonfigli a occupées prouvent évidemment qu'elle a toujours conservé sa noblesse, même à Padoue, où les marbres et les inscriptions sépulcrales en font foi, et où, dans le palais même du préteur, parmi les seize nobles, on lit cette inscription : *Antonius Bonfilius*, avec ses armoiries. Il y a, dans le Conservatoire, un marbre avec cette inscription : *Johanni Antonio Bonfilio nobili patavino*, ainsi que le rapporte ledit Salomoni à la page 63, numéro 12, et à la page 121, numéro 43, de même qu'aux pages 159, 189 et 268 : *Parietem hanc CCLII ab hinc annis constructam, jamque vetustate corruentem, Lucas Bonfilius Patavus restituit;* et plus bas, à la page 269, *hæc saxa novis cœnobii substructionibus suo loco mota, ne aliorum ac suorum majorum monumenta perirent, Augustinus Bonfilius hujusce ædis præpositus, poni hìc curavit.* Cette église, autrefois dédiée à Apollon et ensuite à la divine sagesse, appelée Ste.-Sophie, était occupée par les chanoines de St.-Jean-de-Latran ; mais *Extinctis hisce canonicis, aut fortè aliò profectis, hæc ecclesia in præposituram erecta est, quæ tandem obtigit Lucæ Bonfilio, nobili patavino,* comme l'explique ledit Patavini à la page 522, en parlant de la dignité de doyen établie par ledit Luc Bonfigli : *Decanatus itidem additus est à Lucâ Bonfiglio ex concessione sanctæ sedis apostolicæ, qui et primus decanus fuit. Obiit anno* 1540, *die* 7 *julii. Sepultus est in templo sanctæ Justinæ in sepulchro suorum.* Cela est ainsi rapporté par Scardeoni, à folio 277, numéro 35, où l'on voit que ladite famille a eu dans cette église un autre prévôt de Sainte-Sophie : *D.O.M Augustino Urbinati sacræ theol. et utriusque juris doctori, eximiâ vitæ innocentiâ, Horatius Bonfilius, sanctæ Sophiæ præpositus, vicario suo benemerenti, optimæ recordationis monumentum posuit, anno Domini* 1628 ; et folio 293, en parlant de l'église des religieuses de St.-Benoît, dédiée à St. Mathias, il fait mention d'un marbre avec l'inscription suivante : *Moderante abbatissâ matre Faustinâ, protectoribus Camillo Bonfiglio et Aledusio Marchione Buzzaccareno;* et à la page 296, le susdit Salomoni rapporte une inscription qu'il y a proche le clocher : *Turrem sacram etc. Camillus Bonfilius et Aledusius Marchio Buzzaccarenus protectores in hanc latiorem faciem assurgere curârunt.*

Outre les grandes et respectables charges que cette branche des Bonfigli, établie à Padoue, a remplies dans la magistrature, elle a produit aussi des hommes fort distingués dans les sciences et dans les armes,

desquels font mention Scardeoni et Ange Portenari.
Entre autres se sont distingués dans les lettres :
monseigneur Luc, monseigneur Bernardin et monseigneur Fabio. Dans les armes, outre le susdit Benoît,
qui, le premier, alla de Bologne et Imola à Padoue, et
qui se distingua à Venise, et principalement dans la
défense de Brescia, se distinguèrent aussi Bonfiglio
Bonfigli, gouverneur des armées au château de St.-
Pierre, à Vérone, lequel alla pour la république de
Venise contre le Turc, en qualité de commandant des
cuirassiers, comme le rapporte Louis Mascardi, *Histoire de Vérone*, au livre 12, page 542, et Camille
Bonfigli, commandant général des armées de la république de Venise, qui se distingua beaucoup dans la
guerre de St.-Maur, l'an 1682. (Locat, *histor. orient.*,
cap. 204.)

Aquilina, fille du chevalier Paul Bonfigli, et le père
Augustin, abbé du Mont-Cassin, de St.-Paul de Rome,
et supérieur de tout l'ordre de St.-Benoît, sont également dignes de mémoire. Cette fille, qui était jeune,
belle et ornée des plus rares vertus, épousa M. Bernardin Fortebracci, prince de Capoue et colonel de
cavalerie. Il était fils de Braccio, célèbre capitaine-général de la république de Venise. Mais étant mort,
cette fille, par ordre du sénat, fut mariée au prince
Robert, fils de Charles Malatesta, prince de Rimini ;
et, à l'occasion de ce mariage, le sénat de Padoue
donna à cette fille, sa vie durant, 300 écus d'or chaque
année, comme le rapportent Scardeoni, folio 367, et
Salomoni, lequel faisant mention d'une inscription
sépulchrale faite par Louis Bonfigli à Elisabeth, sa
femme, met à la marge la note qui suit, fol. 279 : *Ex*

hâc gente fuit Aquilina, matronarum decus, Pauli Bonfilii equitis filia, uxor olim comitis Bernardi Fortobracchii, ducis..... et Capuæ principis, Bracchii imperatoris exercitûs Venetorum, filii. Quo defuncto jussu Veneti senatûs nupsit Roberto Carolo Malatesta, Rimini principis filio.

Pour ce qui est ensuite du père Augustin, outre qu'il en est parlé fort honorablement dans le diplôme du roi de France, que le marquis de Bonfils d'Orange conserve, Placide, *diaconus vir illust. Cassinens., cap.* 6, *page* 114 *et* 115, rapporte ce qui suit : *Augustinus paduanus, monacus professus monasterii sanctæ Justinæ et abbas cassinensis nonagesimus octavus, vel nonus (ut alii volunt), originem ducens ex familiâ Fr. Bonfiliorum, vir in philosophiâ et divinis scientiis doctissimus, floruit temporibus Caroli V, scilicet anno* 1530. *Obiit Brixiæ et sepultus est in monasterio sanctæ Faustinæ, cùm sedisset in abbatiâ cassinensi annis tribus.* Cavaccio, dans son *Historia Cœnobii sanctæ Justinæ,* liv. 6, page 269 : *D. Augustinus patavinus ac monacus noster inter prælatos, nedùm congregationis, sed potiùs etiam provinciæ, eâ tempestate excelluit. Familiæ nobilitatem eruditione ac vitæ honestate visus est provexisse adolescens, etc*, et dans la suite des abbés de Ste.-Justine, § 39 : « Le père D.-Augustin Bonflo, de Padoue, » profès de Sainte-Justine, après avoir été abbé du » Mont-Cassin, le 2 mai 1496, visiteur et procureur- » général de l'ordre l'an 1535, fut fait gouverneur de » ce couvent, etc. »

Scardeoni, dans son liv. 2, dit qu'il mourut à Brescia en odeur de sainteté, ce qui conste aussi dans un livre ancien intitulé *Chronique justinienne,* écrit par

Jérôme de Potenza, abbé du Mont-Cassin. Ce livre existe à Sainte-Justine, et fol. 111 et 112, on lit les deux faits suivants :

« L'an 1531, le P. P. D. Augustin, de la très-noble
» famille des Bonfigli de Padoue, digne profès de Ste.-
» Justine, fut fait abbé pendant cinq ans, c'est-à-dire
» jusqu'à l'an 1536. C'était un homme d'un caractère
» affable, social, aimable dans la conversation, savant
» et même éloquent. Il était aimé également de tous les
» moines et des laïques. Relativement à cet homme,
» je rapporterai un fait qui mérite de n'être pas oublié.
» Tandis qu'il était abbé de Sainte-Justine, ayant une
» négociation d'importance entre son corps et la répu-
» blique, il alla à Venise et fut très-bien accueilli au
» collége, où, ayant exposé avec grâce et avec force ce
» qu'il demandait, le doyen (c'était alors André Griti)
» lui répondit avec affabilité : — Nous sommes fort char-
» més de ce que vous avez représenté à ce collége,
» ainsi que de la manière dont vous l'avez fait, et puis-
» que vous êtes Bonfils, nous serons à votre égard
» comme un bon père ; — et il obtint ce qu'il avait
» demandé. Ensuite il fut fait abbé de Mont-Cassin et
» de Saint-Paul à Rome, où, ayant invité un jour le
» Pape à dîner, la table pour le pontife étant préparée
» ainsi que celle des cardinaux, il fit mettre un second
» couvert à la table du Pape, ce qui surprit fort les
» cardinaux, qui ne savaient point encore quel était
» ce grand personnage qui devait manger avec le sou-
» verain. Le moment du dîner étant donc arrivé, le
» Pape, étonné lui-même de cet appareil, prit sa place,
» et alors Bonflo, qui, comme nous avons dit, était
» abbé de Saint-Paul, se plaça à la table du pape en lui

» disant : *Beatissime Pater, tu Petrus, ego Paulus.* Cette
» familiarité qu'il avait avec le pape ne contribua pas
» peu à augmenter la considération de l'abbé de Saint-
» Paul. »

On dit que les autres Bonfigli, après avoir eu leur grâce, retournèrent à Imola, où resta la souche de la famille jusqu'à ce qu'elle passât dans l'Ombrie ou duché de Spolète, et se fixât à Gualdo, et de là à Rome.

Un de cette famille, c'est-à-dire Jacques, cousin germain dudit Benoît (comme il conste par l'acte de Roland Cascolani, notaire de 1417), qui n'avait eu aucune part au meurtre de Bentivogli, retourna d'Imola à Bologne, où une de ses nièces, appelée Camille, fille dudit Benoît, était mariée avec Nicolas Bargellini, famille de sénateur. On dit qu'il s'établit dans ce pays-là, et y forma une branche distinguée de la souche de la famille qui était restée à Imola. Cette branche de Jacques, qui est celle dont fait mention Dolfi, quand il parle de la famille Castelli dans laquelle elle s'éteignit, se soutint toujours à Bologne avec cet éclat avec lequel toute la famille s'était distinguée par le passé, et continua à jouir des charges du sénat; et, outre les biens qui lui étaient provenus dans Bologne et son terroir, elle s'enrichit extrêmement, attendu que dans ces derniers temps, Virgile, époux d'Angélique Bolognini, succéda à l'héritage de Gaspard Tagliojozzi, homme insigne de son temps, comme on le voit dans le mémoire qui subsiste dans l'office public de Bologne, à main gauche, tout près de la porte. Mais la branche dudit Jacques s'est éteinte l'an 1646, dans la personne d'un jésuite nommé le P. Pierre-Jérôme, professeur de théologie à Bologne, dernier mâle de cette famille.

Tandis, cependant, que cette branche subsistait encore, l'autre, qui comme nous l'avons dit ci-dessus, s'était transplantée d'Imola et Bologne à Ferrare, l'an 1278, et qui l'an 1458 était revenue à Bologne, se distingua de cette branche de Jacques, en conservant le dialecte ferrarais, et se fit appeler simplement Bonfigli et Bonfiglioli, prenant le titre de comte, c'est-à-dire celui des comtes de Falcino, quoique descendante de la même souche de la famille d'Imola qui était à Bologne, où elle avait constamment joui des premiers honneurs du sénat, exercé les plus grandes charges et possédé de grands biens, et où l'on voit enfin qu'elle a été appelée indistinctement Bonfigli, Bonfioli et Bonfiglioli. On peut le lire, entre autres, dans Gherardazzi, *Histoire de Bologne*, lequel, en parlant de cette famille, principalement des années 1320 et 1350, époque à laquelle la branche des comtes de Falcino était déjà établie à Ferrare, l'appelle aussi Bonfioli et Bonfiglioli. C'est ainsi qu'elle est prise indistinctement quelquefois à Imola même. Et plus anciennement, quelques-uns de cette famille Bonfigli d'Imola, qui s'étaient distingués et rendus célèbres à Bologne, sont rappelés par Dolfi, à la page 201, à la même famille d'Imola, de laquelle descendent les quarante Bonfiglioli, la branche desquels, suivant cet auteur, est la même que celle des Bonfiglioli et Orsucci de Lucques; et il prétend aussi qu'elle ait été la même avec la famille des Bonfiglioli d'Imola. Mais il ne fait cependant pas l'identité de la branche de Jean qui, après la mort de Bentivogli, s'était établie et fixée à Bologne, parce que dans son temps cette branche s'était déjà éteinte et avait passé dans la maison Castelli.

Une attestation publique de ladite branche à Ferrare, d'où l'an 1458 elle passa à Bologne, où Pierre, enfant de Pierre Buono Bonfioli, épousa Françoise Malvezzi, comme le rapporte le susdit Dolfi, en l'endroit cité. Françoise Malvezzi était la tante du comte Lucio Malvezzi, célèbre capitaine de Louis Sforza, duc de Milan, qui le fit seigneur du bourg Lavizzari ; ensuite il fut fait général de Pise et gouverneur général des troupes de Venise contre l'empereur Maximilien. Ce fut lui-même qui de nouveau se rendit maître de Padoue, où Benoît Bonfigli, son parent, s'était rendu célèbre, et où lui-même mourut l'an 1511.

Aussitôt que la branche de la famille Bonfigli fut de retour de Ferrare, elle fut admise à Bologne, au même grade de sénateur de la république, dont toute la famille, quoique originaire d'Imola, avait toujours joui dans ladite république, où elle avait rempli les premières charges, comme nous en assurent Gherardazzi, part. 1, liv. 12, pag. 377 et 384; part. 2, liv. 21, pag. 173; lib. 25, pag. 355; liv. 26, p. 427; Malsini, *Bolog. perlustrata,* Paradisi *nel suo tratti de nobilitate,* et plusieurs autres. Cette branche prit le titre de comte avec lequel elle se distinguait de la souche des autres Bonfils qui étaient demeurés à Imola, d'avec la branche de Jean qui est à Bologne, laquelle n'a jamais voulu prendre aucun titre, attendu que la noblesse de son illustre famille est déjà assez connue. Elle prit ce titre lorsque Hercule de Bonfigli, Maxime Caprari et Jules Grassi furent désignés pour pages du pontife Clément VIII, qui, en allant prendre possession de Ferrare, nomma Hercule chevalier et comte palatin, ainsi que le rapporte Crescenzi, part. 1, narrat. 18, chap. 3, pag. 530.

Quoiqu'il lui convînt (ce titre) à cause du fief de Falcino que cette famille possédait en grande partie, le reste étant possédé par la famille Onesti qui, en 1649, le vendit au comte Jules Bianchetti ; mais une portion de ce fief qui, le 8 de juillet 1627, avait été vendu audit Hercule, mari de Pantasilea Gozzadini, passa, par la mort du comte Agesilaus Bonfigli, à la manse épiscopale de Falcino, et monseigneur Jean-Baptiste Braschi, évêque de ladite ville, et oncle du pontife régnant, en investit le comte Antoine et Raphaël Pasi, desquels elle passa aux comte Torelli.

Ladite branche, appelée les comtes et quarante Bonfioli et Bonfiglioli, conserva toujours le lustre avec lequel, depuis le xe siècle, elle s'était distinguée à Imola, sa patrie, et à Bologne, où l'on voit que peu après elle a joui des plus grands honneurs, de même que dans toutes les villes où ont passé les différentes branches de cette famille, ayant toujours conservé la dignité de sénateur et joui des premières charges de la ville, comme, par exemple, de gonfalonier et d'ancien, etc. Cette branche s'est constamment alliée avec les plus illustres de Bologne, d'Imola, de Florence, de Rome et de plusieurs autres villes considérables d'Italie, et a donné plusieurs hommes insignes dans les lettres principalement et dans les charges ecclésiastiques, comme il est rapporté entre autres par Dolfi, *Famil. Bonfiol.*, et par Barthélemi de Galeotti, *Traité des Hommes illustres de Bologne*, imprimé à Ferrare, l'an 1590, chez Baldini, à la part. C, pag. 120, où entre autres, faisant mention des sept chevaliers bolonais de l'ordre de Saint-Maurice et Saint-Lazare, il place entre ceux-ci François Bonfigli, et à fol. 135 il dit que Ridolphe, l'an 1583, sous le pontificat de Grégoire XIII, eut dans le sénat la place de Jean Aldovrandini ; et le susdit Jean-Pierre Crescenzi, parlant de la noblesse d'Italie, narrat. 22, part. 1, chap. 9, n° 631, en décrivant le sénat des cinquante seigneurs de Bologne, tel qu'il était de son temps, c'est-à-dire en 1639, au nombre des premiers il met le comte Hercule Bonfioli.

Vers l'an 1660, le comte Lélius fit par son testament un fidéicommis en faveur de ses descendants, et au défaut de ceux-ci, il fit substituer ses biens aux Bianchini, aux Gozzadini et aux Marescotti, ses plus proches parents. Le comte Louis, dernier de cettedite branche appelée des comtes de Falcino et des quarante Bonfioli et Bonfiglioli, malgré ledit fidéicommis, disposa de ses biens en faveur du comte Alphonse Malvezzi, son parent, qui a ensuite succédé à ses biens libres et à la charge de sénateur, et prit le nom de Bonfioli et Bonfiglioli, dont se sert encore monseigneur Alphonse Malvezzi, neveu du cardinal Malvezzi, ancien dataire de Clément XIV. Le sénateur Gozzadini, en qualité de parent substitué, a succédé aux biens fidéicommissaires, et comme sénateur il est aujourd'hui à Rome, en qualité d'ambassadeur de Bologne auprès du saint-siége, et porte les armes de l'ancienne et très-noble famille de Bonfigli.

Les deux branches de ladite famille Bonfigli s'étant éteintes, celle de Jean finit dans la personne du père Pierre-Jérôme, jésuite, et, par le moyen des femmes, passa dans la noble famille des Castelli, ainsi que celle qui était retournée de Ferrare, et appelée des comtes ou quarante Bonfioli et Bonfiglioli, finie dans ledit comte Louis. Les Bonfils de la souche restée à

Imola se portèrent à Rome, où ils furent inscrits au Capitole à l'ordre de sénateurs, et où ils subsistent encore aujourd'hui dans la personne de M. Bernardin Bonfigli, et d'Ange et Louis, ses enfants.

On prétend qu'après le meurtre de Bentivogli, dont il a été parlé ci-dessus, la souche de la famille Bonfigli, qui avait déjà formé plusieurs branches à Osime, à Ferrare, à Lucques, à Messine et en France, se retira à Imola, sa patrie; et ce fut à cette occasion qu'une partie de cette famille se réfugia à Venise, ensuite à Padoue, partie dans la Lombardie, ensuite en Piémont; les autres enfin à Bologne, comme nous avons dit.

Dans ces temps la ville d'Imola était dans de grands troubles, à cause des discordes civiles d'Alidosi; mais Galeozzo Sforza Visconti, duc de Milan, ayant rendu ladite ville au pape Sixte IV, vers l'an 1471, François Bonfigli, homme de très-grande réputation dans Imola, sa patrie, s'adressa à ce pontife qui l'estimait beaucoup, et s'employa puissamment pour fixer les confins entre ladite ville d'Imola et celle de Bologne, ce qui avait suscité entre ces deux villes plusieurs procès et dissensions. Cela fut cause que l'an 1480 il fut fait châtelain de Gualdo, dans le duché de Spolète, dans laquelle chancellerie on conserve la mémoire qui suit : « Ce château, appelé della Rocca, avait son châtelain payé par la révérende chambre apostolique, et ses provisions lui étaient payées par les trésoriers de la ville de Peruggia. Le premier châtelain dont on trouve le nom est François Bonfigli, noble imolais. »

L'on voit ensuite que l'an 1516 la ville d'Imola, où ledit François continua de jouir de la qualité de sénateur, le nomma son ambassadeur pour apaiser les différends qu'il y avait entre ladite ville et les Riari, de la famille dudit pontife Sixte IV, qui avait obtenu le gouvernement de la ville avec le titre de comte ; mais ladite ville ayant ensuite passé au duc Valentin Borgia, qui en fut fait prince par Alexandre VI, ledit François s'éloigna d'Imola, où jusqu'alors il avait joui de la qualité de sénateur. A cause des grandes dépenses faites dans les troubles et guerres civiles, comme aussi dans l'ambassade qu'il eut à Rome, où il se fit beaucoup honneur, cette famille se trouva considérablement détériorée dans sa fortune. C'est pour cela que ledit François, châtelain, issu de l'illustre et très ancienne famille Bonfigli d'Imola, voulut se retirer avec sa famille à Gualdo, où précédemment il avait placé de l'argent et acheté beaucoup de biens, et ce fut ainsi que ses enfants et descendants se fixèrent pour quelque temps à Gualdo, ce qui est prouvé par plusieurs actes authentiques et par une attestation publique de cette communauté, dont nous rapporterons les paroles dans la suite.

Cette ancienne famille, une des plus illustres et des principales de la Romagne, ayant ensuite abandonné cette province, passa dans le duché de Spolète, où elle se soutint également avec beaucoup d'éclat, et fut toujours regardée comme noble, jusqu'à ce qu'elle allât à Rome, où, ayant fixé sa résidence, elle fut tout de suite inscrite au sénat parmi les nobles familles romaines.

Les enfants et descendants dudit François, nobles imolais, ont joui des premiers honneurs à Gualdo, ainsi qu'à Imola, leur patrie, où ils continuèrent à posséder certains biens et à être admis aux charges du sénat. Ce fut à Gualdo que naquirent le colonel Etienne, le P. Félix, franciscain, excellent théologien et provincial de l'Ombrie, au duché de Spolète, et le père Marie-François qui, du temps de Sixte V, fut choisi à Rome pour général de tout ledit ordre, et qui, par Clément VIII, fut ensuite fait évêque d'Ascoli, dans la Pouille. C'était un homme d'une grande prudence et d'un grand savoir, ce qui, joint à la noblesse de sa naissance, le rendit fort recommandable auprès desdits pontifes Sixte V et Clément VIII, comme l'assurent les susdits écrivains. Voici même ce qu'en dit Ughelli, dans son *Italia sacra*, au tom. 8, pag. 236, § 25 : *F. Franciscus Bonfilius, ord. min. convent. magister generalis, magni nominis theologus, ordinis sui non postremum ornamentum, Asculanorum præsul renuntiatus est anno 1593, die ultimâ maii; mortuus anno 1603, vel, ut alii volunt, 1594, sepultusque est in cathedrali, in cujus memoriam successor ejus epitaphum posuit. D. O. M. Francisco Bonfilio ex magistro generali ordin. min. convent. episcopo Asculanorum, etc.*

Cependant peu de temps après, la famille se transplanta à Rome, où l'on voit un de cette famille noté dans les registres du Capitole. Celui-ci s'appelait César, et depuis l'an 1574 jusqu'en 1584, il fut un des nobles conseillers du peuple romain dans les quartiers du Pont et Parione. Cette charge honorifique ne se donnait alors qu'aux personnes nobles et distinguées. La famille Bonfigli se soutint également dans cette dominante avec cet ancien éclat avec lequel elle avait vécu à Imola, à Bologne et dans toutes les autres villes dont les historiens font mention depuis le x⁰ siècle;

et quoique sa fortune eût été fort détériorée, elle ne laissa pas de faire de belles alliances, et entre autres, François le Jeune, enfant d'Ange-Félix et neveu dudit monseigneur François, évêque d'Ascoli, qui s'était le premier fixé à Rome, s'allia avec la noble famille Orsini, puisque ledit François Junior, arrière-grand-père de M. Bernardin, épousa, l'an 1620, son excellence mademoiselle Violante Orsini, fille de D. Franciotto, duc de Monte Rotondo.

Cette dame ayant été passer quelque peu de la belle saison dans ce fief de sa famille, elle y mourut et fut enterrée dans l'église collégiale de ce lieu, dont le juspatronat appartient à sa famille, où tout à côté du grand autel, on voit son tombeau avec les armoiries de la maison Bonfigli, entrelacées avec celles d'Orsini, et on y lit l'inscription suivante : *D. Violanti Ursinæ de Bonfiliis, mulieri nobilissimæ, prudentissimæ, et omni virtutum genere ornatissimæ, quæ dum Cretum sui animi gratia petebat, diem clausit suum, et ejus ossa in hoc tumulo requiescunt. Franciscus Bonfilius conjugi amantissimæ cum lacrymis posuit.* Cette inscription est encore rapportée par Sperandio, dans son *Histoire de la Sabine*.

A l'occasion dudit mariage avec les Orsini, François Bonfigli acquit beaucoup de biens dans ledit fief de Monte Rotondo, lesquels ses enfants et descendants, déjà déclarés patrices romains, augmentèrent beaucoup, par la succession qu'ils eurent des trois plus anciennes maisons de ce lieu, c'est-à-dire celle de Cascia, à l'occasion de laquelle les Bonfigli qui sont présentement à Rome paient un légat annuel à l'église de Saint-Hilaire dudit fief; de celle de Federichelli, jouissant du fidéicommis établi par Jean-Baptiste, le 10 de juillet

1599. Ils jouissent aussi du juspatronat de la chapelle de Saint-François, dans l'église de Notre-Dame-de-la-Conception des Franciscains.

Ils ont également succédé à la famille Picchi dont monseigneur Dominique, excellent jurisconsulte, et auteur des *Commentaires du Statut de Rome*, fut évêque d'Amelia et fondateur du monastère appelé du Mont-Thabor dudit lieu, laquelle famille s'éteignit dans ledit prélat et passa, par le moyen des femmes, dans la famille des Bonfigli, qui a succédé à tous ses droits. Grégoire XV ayant supprimé, le 17 décembre 1659, l'état des nobles conseillers, Philippe et Sigismond, enfants dudit François Bonfigli Junior, et neveu de César, lequel après avoir été fait plusieurs fois conseiller du peuple romain dans les quartiers du Pont et Parione, comme on le voit dans les registres du Capitole, se mit dans le militaire et mourut à Gualdo, et dans les actes il est appelé capitaine César et capitaine Jules-César. Lesdits Philippe et Sigismond, dis-je, avec leurs descendants *in infinitum*, furent inscrits formellement au Capitole à l'ordre de sénateurs, et tous déclarés nobles et patrices romains, comme il appert du diplôme du sénat romain, que les MM. Bonfigli conservent à Rome, enregistré aux archives du Capitole, dans la première armoire, tom. 34, pag. 244, dont nous rapporterons la teneur ci-après.

Ange-Félix, enfant de François-Félix, et père dudit François Junior, ainsi qu'il en conste par son testament fait à Gualdo, le 10 août 1613, établit un fidéicommis en faveur de ses enfants et de ses descendants, et le 6 novembre 1623, Marie-Ange, veuve d'Ange-Félix, de concert avec ledit capitaine César et Boniface, ses enfants, fit une donation en faveur dudit François Junior, son enfant et frère des susdits, *ut suam conditionem et generis nobilitatem prosequi decentius et honorificentius nuberi possit, D. Franciscus Bonfilius alter eorum filius et frater respectivus.* Elle comprit dans cette donation une terre considérable au quartier dit des Palazzaccio, et l'an 1635, ledit capitaine César fit son testament et institua héritiers ses enfants Philippe et Sigismond, patrices romains, *ejus nepotes, filios illustrissimi Dom. Francisci Bonfilii ejus fratris.* Et l'an 1640, mademoiselle Ange, fille dudit François Junior et de madame Violante Orsini, en faisant profession dans le monastère de Sainte-Claire à Gualdo, où elle prit le nom de sœur Marie-Thérèse et mourut en odeur de sainteté, renonça à toutes ses prétentions en faveur de ses frères Philippe et Sigismond, *ut primo et principaliter bona conserventur in ejus familiâ et agnatione et domo de Bonfiliis, et secundario ut domini ejus fratres nobilius et decentius se nubere possint.* Des susdits actes, on voit la descendance dudit François-Félix, d'Ange-François dont le père fut le colonel Etienne, enfant de François, noble patricien imolais et châtelain de Gualdo. On connaît un autre de cette famille, mais on n'a pas la preuve que celui-ci soit enfant ou frère dudit François, châtelain.

Le susdit Ange-Félix, enfant de François-Félix, était frère du P. Marie-Sigismond, augustin et du P. maître François, général des franciscains, ensuite évêque d'Ascoli, ainsi qu'il appert par un acte de donation à eux faite par Buccio Anderlini, dans les actes de Venturelli, à Gualdo, et comme il conste aussi par la donation faite par Angesella, leur mère;

venerabilibus fratribus et religiosis, videlicet Sigismondo ordinis eremitarum sancti Augustini, et Francisco S. theologiæ magistro, ordinis fratrum convent. min. S. Francisci, ejusdem donatricis filiis, aux actes de Jean-Baptiste Vittori, le 11 septembre 1584, et par l'acte de ratification de Camille Morono, pour les terres et maisons au quartier dit al Palazzacio, achetées l'an 1599, *à reverendissimo episcopo Bonfilio per manus D. Angeli Felicis, hæredis dicti reverendissimi episcopi de Bonfiliis die* 29 *novembris* 1599. (Voir les archives de Gualdo et les livres de feu Léon Argenti, notaire dudit Gualdo.) Ledit Ange-Félix, dis-je, eut deux enfants, à savoir : François-Félix et le P. maître Félix, franciscain et provincial de la Romagne, comme il conste du cadastre des biens du 16 juillet 1617, aux actes de Joseph Guerrieri, notaire à Gualdo, ainsi que de l'acte d'accord passé entre ledit P. maître Félix, provincial des franciscains, et M. François Junior, son neveu, par la médiation du cardinal Verospi, ami commun, acte passé à Rome, chez Olivelli, le 25 juillet 1631. Ledit François Junior et le capitaine César, son frère (la filiation desquels est prouvée par un acte d'achat de certaines terres tout près le palais appelé delle Ceccole à Gualdo, possédé par la maison Bonfigli, aux actes de Scipion Moroni, du 25 septembre 1623, et par une quittance faite par madame Olympe Bonfigli, en faveur desdits François Junior et le capitaine César, ses frères, le 22 novembre 1631), furent les premiers qui, de Gualdo fixèrent leur famille à Rome, où ledit François épousa son excellence mademoiselle Violante Orsini des ducs de Monte Rotondo. Philippe et Sigismond, inscrits au Capitole à l'ordre de sénateurs, et parmi les nobles patriciens romains, étaient enfants dudit François Junior.

Cette filiation appert du diplôme du sénat et des actes de renonciation et donation qui leur furent faits par leur sœur Ange, qui fut ensuite appelée sœur Marie-Thérèse, fille dudit François Bonfigli et de madame Violante Orsini, du consentement du capitaine César, leur oncle, en date du 8 août 1640, aux actes de Pierre-Jacques Berardi, notaire de Gualdo, et par l'acte de constitution de dot de Madeleine, son autre sœur, aux actes du même notaire, l'an 1658, dans les archives, à fol. 243 jusqu'à fol. 253. Ledit Philippe, patrice romain, né le 12 septembre 1631, épousa Artémise Castellani, noble romaine, dernière et héritière de sa famille, le 3 février 1660, comme il conste aux actes de Basile Quintilii, notaire de S. E. le grand-vicaire, et il eut de cette femme cinq enfants, à savoir : Marc, qui se fit ensuite augustin, et devint maître de l'ordre, où il y avait déjà eu un évêque de cette famille, et un autre grand-oncle, c'est-à-dire Sigismond; Angélique, qui se fit religieux franciscain, où il avait déjà eu deux grands-oncles, à savoir : le P. maître Félix, provincial, et le père M. François, général de tout l'ordre, et ensuite évêque d'Ascoli; Sestilius, Ange Bonfilio et Bernardin. Sestilius mourut garçon. Ange Bonfilio et Bernardin se marièrent tous les deux.

Bernardin ne laissa qu'une fille appelée Anne, qui entra dans la maison Paladini, une des plus anciennes et des plus distinguées de Lecce, dans le royaume de Naples. De cette famille, sont sorties plusieurs croix de Malte, des seigneurs de fiefs, des capitaines de régiments ; enfin elle est inscrite parmi la noblesse de Spolète, où le comte Annibal s'était retiré, et où François, enfant de ladite Anne, est chanoine et théologal de la cathédrale. L'autre enfant de dite Anne Bonfigli, appelé Joseph, demeure à Naples dans les troupes du roi, en qualité d'altier ou enseigne du régiment de Pouille, ayant été précédemment cadet des grenadiers de la brigade royale. Ange Bonfilio, fils dudit Philippe, de François Bonfigli, né le 8 avril 1668, dont la descendance est même prouvée par les actes du tribunal de l'A. C. dans le procès contre Christophe Cenci, et par l'acte fait en faveur de l'assemblée de l'illustrissime Trinité, le 8 novembre 1692, aux actes de Chérubin Mattioli ; et, par l'acte d'accord fait avec la comtesse Anne Bonfigli-Paladini, sa cousine, le 22 mai 1732, aux actes de Capponi et Sfasciamonti, not. vic., et par l'acte de vente d'une maison à Rome, située *alle tre Cannuelle*, et d'une autre située au pied du Capitole ; par l'acte d'achat d'une maison également à Rome, située à la rue dite *Fratina*, qui lui fut vendue par Gaspard Brugiaferro le 16 de janvier 1685 ; ledit Ange Bonfilio, frère de Bernardin, mort sans enfants mâles, laissa deux garçons, à savoir : le capitaine Philippe, qui est mort, et le sieur Bernardin, qui est vivant. Il laissa encore quatre filles, à savoir : Léonilde, Artémise, Françoise et Constance, qui se fit religieuse à Gualdo et prit le nom de sœur Marie-Anne, morte depuis peu dans le couvent de Ste.-Marguerite et Claire, où sa grand'-tante, sœur Marie-Thérèse, fille de François Bonfigli et de dame Violante Orsini, et sœur de Philippe, grand-père paternel de ladite sœur Marie-Anne, était morte en odeur de sainteté. Le capitaine Philippe laissa deux garçons et sept filles : Ange-Benoît, Raimond, Marie-Rose, Marie-Luigarde, Marie-Agnès, Claire, Marie-Archange, Marie-Clémentine et Marie-Eléonore. Les deux dernières de ces filles sont religieuses carmélites dans le noble couvent de St.-Egide, à Rome, l'une sous le nom de sœur Marie-Louise, et l'autre de sœur Marie-Ange-Thérèse, qui se fit religieuse avec la dot que le cardinal Justinien laissa en légat aux filles nobles. Le sieur Bernardin, autre enfant d'Ange Bonfilio et frère dudit capitaine Philippe, né l'an 1719, exerce depuis 43 ans l'emploi honorable de sous-secrétaire du pape à la secrétairerie des brefs *ad principes*; ce qui conste entre autres par un bref du souverain pontife, dans lequel, en accordant à la famille Bonfigli les biens, maisons et tous les annexes de l'ancienne forteresse de Cornetto, précédemment possédée par l'ancienne maison Fani, noble famille romaine éteinte dernièrement dans la personne du chevalier Marcel Fani, officier des gardes de notre saint père, au commencement il fait mention dudit « Bernardin Bonfigli, gentilhomme romain, et substitut dans notre secrétairerie des brefs *ad principes*. » Le pape dit qu'il accorde ce bref à la maison Bonfigli, en considération dudit Bernardin, c'est-à-dire « pour le long et fidèle service qu'il a rendu et qu'il continue de rendre au saint-siége apostolique en qualité de substitut ou sous-secrétaire dans notre secrétairerie des brefs *ad principes*, » comme il conste par ledit bref en date du 25 septembre 1774, et par l'acte rière Selli, secrétaire et chancelier de la chambre, en date du 13 décembre 1774.

Ledit sieur Bernardin, vivant, a deux garçons et deux filles, à savoir : Ange-Paulin, Louis, Léonilde et Vincence-Marie. Ange-Paulin, docteur en droit civil et canon, s'applique à la judicature, et du tribunal de l'A. C.; il passa à celui de la sacrée rote, ayant été choisi en 1771 pour premier secrét. dans l'étude de l'auditeur de rote de Milan. Louis est officier dans les troupes du pape, en qualité d'alfier ou enseigne des grenadiers corses.

La noblesse de cette famille romaine, inscrite au Capitole depuis 1659, à l'ordre de sénateurs, parmi les familles nobles et patrices romaines, ainsi que son passage de Gualdo à Rome, sont prouvés par tous les actes ci-dessus, mais principalement par le diplôme du sénat et peuple romain, donné à cette famille le susdit jour et an, lequel les messieurs Bonfigli conservent à Rome, et qui est enregistré dans les archives à la première armoire, au tom. 34, page 211, et dont voici la teneur : *Declaramus senatum existimare prædictos D. D. Philippum et Sigismundum de Bonfiliis, nobiles Validenses, amplissimo hoc munere decorandos, civitate romanâ donandos, inque senatorum ordinem merito cooptandos esse, prout præsentibus litteris decoramus, donamus et cooptamus : itaque senatui placere ut præfati D. D. Philippus et Sigismundus, ejusque liberi, nepotes et posteri ac successores in perpetuum liberè possint in senatum venire, sententiam dicere, magistratus gerere, sacerdotia obtinere, bona libera atque immunia habere, iisque immunitatibus, honoribus, gratiis et privilegiis uti, frui et potiri liceat, ac si in urbe nati perque omnes reip. gradus erecti fuissent, fungi lege liceret : quodque prædicti D. D. Philippus et Sigis-*

mundus quique ab ipsis venient omnes, cives nobiles patriciique romani nati aut jure optimo facti sunt, gentemque habeant J.-C. autoritate, etc. Ce même passage de la famille Bonfigli du duché de Spolète, et principalement de Gualdo à Rome, sa noblesse, ainsi que l'éclat avec lequel elle s'est toujours soutenue pendant le temps qu'elle a existé à Gualdo, d'où elle passa à Rome; son origine d'Imola, l'époque à laquelle elle passa pour quelque temps à Gualdo, et ensuite à Rome où elle subsiste, tout cela est prouvé dans une attestation de cette même communauté de Gualdo, qui est conçue en ces termes :

Gonfalonerius et priores inclytæ terræ Validi in Umbriâ, quoniam ob locorum distantiam sæpè numero non solùm de fide, verùm etiam de qualitate et conditione hominum dubitari contingit cunctis, ob id has nostras inspecturis, lecturis, pariterque audituris fidem indubiam facimus atque testamur antiquâ nobilitate illustrem Bonfiliorum familiam, Romæ adhuc degentem, quæ latino sermone Bonfilii et de Bonfiliis in monumentis inscribitur, italicè autem Bonfigli et vernaculo sermone antiquiùs etiam Bonfignoli dicta aliquandò fuit, tercentum abhinc annis nobilem jam exstitisse ex antiquissimis monumentis in hoc nostro archivio asservatis comperimus, ac à Romandiolæ provinciâ et præsertim à foro Cornelii urbe quam Imolam vulgò vocant, in hanc Umbriæ provinciam migrasse et sæculo XV suum domicilium constituisse aliquandiù in hâc inclytâ nostrâ terrâ Validi, ubi clara et illustris semper exstitit. Anno enim 1480, nobilis vir Franciscus Bonfilii, patricius Imolensis, primus fuit à Sixto IV. P. O. M. renuntiatus hujus arcis castellanus; cumque hâc occasio-

ne Bonfiliorum familia Imolensis plurima bona possidere cœperit in hoc nostro territorio, ejusdem Francisci nostri castellani descendentes hic quoque domicilium tenuerunt, et insigni gonfaloneratûs munere decorati perpetuò fuerunt, ac tanquàm nobiliores et principaliores viri à cunctis habiti, nominati ac honorati, nec non singularibus privilegiis, honoribus, præeminentiis, gradibus, dignitatibus ac juribus pro cæteris usi, functi, potiti et gavisi fuerunt usque ad sæculum XVI. Quo demùm tempore capitaneus Cæsar et Franciscus Junior de Bonfiliis Romam se transtulerunt, ubi idem Franciscus uxorem duxit nobibili genere ortam D. Violantem Orsini, patriciam romanam, quæ dùm rusticationis gratiâ degebat in terrâ montis Rotundi, suæ familiæ feudo, morte correpta fuit, sepultaque jacet in ejus parrochiali ecclesiâ majori sanctæ Mariæ Magdelenæ, ubi existit ejus marmoreum sepulcrum cum insculpto stemmate familiæ de Bonfiliis inscripto alteri de Orsinis; eâque occasione plurima bona in eâdem terrâ montis Rotundi possidere cœpit nobilis gens de Bonfiliis. Ex dicto autem Francisco de Bonfiliis et D. Violenta Orsini conjugibus Maria-Angela filia solemnem emisit professionem in nostro monasterio sanctæ Claræ, sumpto nomine soror. Mariæ-Theresiæ, ubi in sanctitatis opinione mortem obivit. Philippus verò et Sigismundus ex D. Francisco de Bonfiliis Juniore pariter orti inter nobiles patriciosque romanos adsciti ac senatorum ordini adscripti in Capitolio fuerunt, anno 1659, unà cum omnibus eorum posteris ac descendentibus qui domicilium tenuerunt Romæ, ibique usque adhuc morantur; reluti patet ex diplomate S. P. Q. R. per nos in exemplo publico viso et recognito, ubi ipsi appellati sunt ex

Bonfiliorum nobili familiâ orti, et à quâ per rectam lineam descendunt illustrissimi D. D. Angelus Paulinus et signifer Aloysius, filii domini Bernardini viventis nec non Angelus Benedictus et Raymondus, filii capitanei Philippi Junioris pro defuncti fratris. Dum D. illustris familia in hâc terrâ domicilium tenuit, palatium ac plurima bona hic et in Perusino etiam territorio possedit, splendidè nobiliterque semper vixit, optimaque conjugia iniit, ac floruit armis non minùs quàm litteris. Quos inter eximius fuit in sanctâ theologiâ doctor, reverendissimus P. Franciscus natus in hâc terrâ Validi, qui totius ordinis min. convent. sub Sixto P. P. V. minister generalis renuntiatus, mox à Clemente VIII consecratus fuit episcopus Asculi in Apuliâ. Ex suprà dicto Philippo, Francisci Junioris filio, ac nobili romano, duo orti sunt filii, scilicet : Angelus et Bernardinus qui pariter nobilium more vixerunt. Bernardinus discessit, unicâ relictâ filiolâ Annâ. Angelus verò quatuor reliquit filios, duos masculos, scilicet illustrissimos D. D. capitaneum Philippum et Bernardinum; duas verò fœminas, nempè Artemisiam et Constantiam quæ monasticam vitam professa est in hoc nostro monasterio sanctæ Margaritæ, sumpto nomine sor. Mariæ-Annæ, ubi nuper mortem obtinuit. Capitaneus Philippus duos reliquit filios masculos, scilicet illustrissimos D. D. Angelum Benedictum et Raymundum; septem verò fœminas quarum altera Maria-Clementina, altera Maria-Eleonora solemnem admiserunt professionem in nobili monasterio sancti Egidii de urbe ordinis Theresiani, illa sub nomine sor. Mariæ-Ludovinæ, hæc sub nomine Mariæ-Angelæ-Theresiæ; reliquæ verò adhùc manent innuptæ et vocantur Rosina-Maria-Archangela, Maria-Clara-

Agnes et *Maria-Lutgarda*. Ex illustrissimo autem
D. *Bernardino* adhùc vivente, orti sunt *Angelus Paulinus*, juris utriusque doctor, qui in litibus judicandis
operam præstat in tribunali sanctæ rotæ tamquam primus à secretis auditoris *Mediolani*, et *Aloysius* qui est
in pontificiâ militiâ signifer, vulgò alfiere [1], nec non duæ
fœminæ, scilicet D. *Leonilda* et *Vincentia-Maria* adhùc
innuptæ. Hæc quæ de familiâ de *Bonfiliis*, vulgò *Bonfigli*
testati sumus nobis egregiè constant nedùm ex legalibus
documentis exhibitis, sed magis magisque ex instrumentis aliisque antiquissimis ac publicis monumentis in
nostrâ secretariâ priorali et in archivio particulari
ejusdem terræ servatis atque recognitis, nec non ratione bonorum quæ hic eadem familia possedit, et denique quia hæc est, fuitque semper publica vox et fama
apud omnes testatissima; atque itâ nos ex certâ scientiâ
scimus, idemque semper audivimus à majoribus nostris
qui hæc eadem à majoribus suis audiisse testabantur:
insuperque indubiam perhibemus fidem non esse neque
unquam fuisse in hâc nostrâ inclytâ terrâ aliam familiam de *Bonfiliis* præter illam, quam testati fuimus
provenire à *Foro Cornelii*, urbe vulgò *Imolâ*, et à quâ
per rectam lineam tantummodò descendunt illust. D. D.
Bernardinus ejusque filii *Angelus Paulinus* et signifer
Aloysius, nec non *Angelus Benedictus* et *Raymondus* de
Bonfiliis, filii R. M. capitanei *Philippi Junioris*, nobilis
Romani: quorum omnium et singulorum ut præsentes
hæ testimoniales litteræ veritatem et robur faciant in
omnes partes, manu secretarii nostri subscriptas et
soliti quo in similibus utimur sigilli communitatis nostræ

---

[1] On porte-enseigne des grenadiers corses.

impressione munitas dedimus ad perpetuam rei memoriam. Validi die, etc.

Suivant les plus anciens mémoires, cette famille Bonfigli a toujours été noble à Imola, sa patrie ; elle s'est même fort distinguée à Bologne, soit dans les armes, soit dans les lettres, et cet ancien titre de noblesse est prouvé, non-seulement par le témoignage de Pompée-Scipion Dolfi et de plusieurs autres écrivains, mais encore par une attestation publique de cette communauté, dont il a déjà été fait mention.

Cette attestation parle de la branche des Bonfigli qui passa à Ferrare, et ensuite à Bologne, appelée des quarante et des comtes Bonfiglioli. *Et indè Ferrariam, habuitque filium quondam Bonarellum, ob illam quam in hâc nostrâ civitate per sex fermè sæcula inter primores recensitam, publicis decoratam muneribus, armis litterisque conspicuam, nobiliori sanguine propagatam, nostra demonstrant publica monumenta scripturæque in archivio publico fideliter integrèque asservatæ. Anno enim quinquagesimo supra millesimum Gratianus Bonfilius inter ejusce nostræ patriæ senatores floruit, et exindè usquè ad præsens ferè sæculum quo familia in hâc civitate defecit, plura variaque ingenuæ nobilitatis documenta reperimus, quorum seriem hic inserere incongruum esset; ideòque cunctis et singulis comprobatam præsentibus testamur litteris longam familiæ nobilitatem in quorum, etc. Datum ex palatio apost. hâc die 14 december 1696. Alex. Burghesius Vexillifer, Ant. Maria Saella secret.* Cette attestation est enregistrée dans la grande chancellerie d'Imola de l'an 1696, à fol. 199.

Les trois époques de la famille Bonfigli, c'est-à-dire

la noblesse et l'éclat avec lequel elle vivait à Imola, où l'on voit par les plus anciens mémoires qu'elle y était noble et fort distinguée; son passage à Gualdo, où le premier de cette famille y fut châtelain de la forteresse dite della Rocca, depuis l'an 1480; enfin son passage à Rome, où les Bonfigli furent aussitôt admis aux premiers honneurs et charges du sénat; ces trois époques, dis-je, sont prouvées par les trois attestations du sénat romain, de la communauté de Gualdo, et enfin par celle de la ville d'Imola, ainsi que par les anciens parchemins, les marbres, les actes publics, le témoignage des historiens et des autres écrivains tant anciens que modernes. Tout ce que nous avons rapporté ci-dessus fournit une preuve convaincante de l'ancienneté et de la noblesse de cette famille pendant environ huit siècles non interrompus. En prenant les premières traces que l'on a de cette famille de l'an 1050, époque à laquelle on prouve qu'elle était illustre et au nombre des sénateurs; après lequel temps ladite famille qui, suivant les opinions rapportées, était d'une origine fort noble, non-seulement se rendit illustre et célèbre à Imola, Gualdo, Rome et Forli, où elle possédait beaucoup de biens, et à mesure qu'elle avait été admise au droit de bourgeoisie de cette ville, elle jouissait de la qualité de sénateur, ainsi que des premiers emplois; outre cela, elle se distingua dans plusieurs villes, soit de l'état ecclésiastique qu'ailleurs où passèrent les différentes branches de cette famille, qui se sont toujours soutenues dans le même état de noblesse que la souche restée à Imola, et qui passa ensuite à Rome, où elle subsiste encore aujourd'hui.

De toutes ces branches, suivant les preuves et les

opinions dont nous avons parlé, il reste celles d'Osime, de Messine, de Lucques, de Sienne, de Padoue, de Périgord, de Provence et de Montferrat

Si c'est une grande prérogative pour une famille de pouvoir prouver d'une manière convaincante sa noblesse depuis le xe siècle jusqu'à présent, et cela par le moyen des monuments publics les plus authentiques et le témoignage des écrivains, cette prérogative devient toujours plus essentielle; si l'on réfléchit que les premiers monuments qui subsistent de cette famille depuis l'an 1000, supposent que cette même famille était déjà noble et distinguée avant cette dernière époque, de façon qu'on ne trouve point le commencement de sa noblesse. Enfin, l'origine de cette famille est fort respectable, soit qu'on la tire du pape Sabinien ou de la famille royale des ducs d'Anjou, ou bien de l'illustre famille allemande qui vint en Italie avec Charlemagne, et plus tard dans la Romagne, avec Charles d'Anjou, au service de qui était un chevalier de cette famille. Suivant les trois opinions rapportées, et dont la seconde est la mieux établie, chacun voit combien l'origine de cette famille d'Imola est ancienne et distinguée.

Une si illustre origine et une noblesse si ancienne ne pouvaient manquer de faire naître dans le cœur de ses descendants les plus hauts sentiments de gloire, d'honneur et de grandeur, ce qui précisément a été cause qu'en tout temps et en tout lieu, cette famille a donné plusieurs personnages fort distigués en tout genre, parmi lesquels je ne rapporterai que ceux dont quelque historien ou autre écrivain a fait mention, ou qui sont énoncés par des actes et monuments publics.

Saint Bonfiglio Bonfigli, évêque de Foligno, dont la vie est écrite en très-beau latin par saint Sylvestre, s'est distingué par sa sainteté, ainsi que le bienheureux Ange, dominicain, qui souffrit le martyre dans le Japon, ce qui conste par sa vie écrite par le P. Sesti, du même ordre ; et c'est peut-être en signe de cela que la maison Bonfigli a toujours conservé hors de l'écusson de ses armoiries un génie qui, avec la croix dans la main droite et la palme dans la gauche, soutient la couronne. Outre un des fondateurs de l'ordre des serviteurs de Marie, qui, suivant les actes qui sont chez M. le marquis Bonfigli d'Orange, et principalement d'après le diplôme du roi de France, dans lequel ledit bienheureux fondateur est dit être de la même maison de Bonfigli ; outre celui-là, dis-je, il y a le P. Augustin Bonfigli, bénédictin dans le monastère de Sainte-Faustine de Brescia, qui, l'an 1536, mourut en en odeur de sainteté, comme le rapporte Scardeoni, *Histoire de Padoue*, folio 137, ainsi que les autres mémoires qui sont dans ledit monastère et dans celui de Sainte-Justine de Padoue. Il y a encore Alexandre qui, après avoir été capitaine de cavalerie, se fit capucin, et est appelé par Dolfi, à la page 202, frère Vital, qui mourut à Bologne également en odeur de sainteté. Il y a eu aussi deux religieuses, c'est-à-dire sœur Camille, abbesse du monastère de Saint-Gervais, et sœur Marie-Thérèse, fille de François Bonfigli Junior et de dame Violante Orsini, morte dans le couvent de Sainte-Marguerite, et Claire de Gualdo, ou sœur Marianne, sa nièce et sœur du sieur Bernardin, est morte depuis peu. Riccobuono, fondateur de l'église de Saint-Pierre in Scotto de Forli, dont les Bonfigli

ont joui du juspatronat, s'est également distingué en
œuvres de piété. Monseigneur Bonfilio Bonfigli, évêque
de Sienne, qui le premier fonda dans cette ville le
monastère des serviteurs de Marie, comme le prouve
Ughelli, dans son *Traité de l'Italie sacrée*, ainsi que les
écrivains dudit ordre, ce qui est également rapporté
dans le susdit diplôme du roi de France. Pierre, qui
bâtit l'église dans le hameau de Bagno, et son fils André, qui bâtit à Bologne, pour ses six filles et autres
de cette famille, un superbe couvent avec église, sous
le titre de *Sainte-Marie-des-Anges*, comme il a été
prouvé ci-dessus, et Hercule, qui fut un des fondateurs des écoles pies à Bologne.

La maison Bonfigli, abstraction faite de son origine
royale et du cardinal primicier de l'Eglise romaine,
lequel, suivant lesdites opinions, est sorti de cette
famille, a eu des personnages fort distingués en dignités
ecclésiastiques. Dans le xvi° siècle, elle compte parmi les réguliers deux chefs de religion, c'est-à-dire
le P. Augustin, 98° abbé du Mont-Cassin vers l'an
1530, et ensuite de St.-Paul de Rome et supérieur de
tout l'ordre de Saint-Benoît; et le P. M. François,
très-célèbre théologien, et le 61° général de l'ordre
des mineurs conventuels vers l'an 1590, auxquels
on peut ajouter aussi le très-révérend P. Hyacinthe-
Marie, dominicain, théologien de la Minerve, actuellement secrétaire de la sacrée congrégation de l'Index.
Cette même famille a eu aussi plusieurs évêques, et
outre le susdit saint Bonfilio, évêque de Foligno, et
l'autre évêque de Sienne, monseigneur Antoine ayant
porté le bonnet au cardinal Ludovisi, celui-ci, devenu
ensuite pape, le fit évêque de Carinolo, et ledit mon-

seigneur François, après avoir été général des franciscains, fut fait évêque d'Ascoli dans la Pouille ; et outre plusieurs chanoines, abbés titrés, prévôts et autres dignités ecclésiastiques, monseigneur Procul fut maître de chambre d'honneur de Clément V, auprès de qui, comme il a été dit ci-dessus, il s'intéressa en faveur des Bolonais, comme l'a fort bien fait observer Dolfi, à la page 202. Viennent ensuite monseigneur Horace, rapporteur des deux signatures, gouverneur de Faenza et de Terni (voyez César Conduzzi, *Hist. de Faenza*, p. 35.); monseigneur Antoine, gouverneur dans plusieurs villes de la Romagne et de la Marche ; monseigneur Barthélemi, pro-notaire apostolique, qui fut vice-légat à Parme et Plaisance, gouverneur de Césène et commissaire-général de Ravenne, d'Ascoli et d'Ancône (voyez Ughelli, tome 7, page 743, n° 33); monseigneur Paul, lequel, comme le rapporte Salomoni, *Inscriptions de Padoue*, où, au fol. 436, en parlant de la famille Bonfigli, il s'exprime ainsi : *Fuit referendarius utriusque signaturæ sub Pio V*; monseigneur Luc, pro-notaire apostolique et maître de chambre, secrét. du pape Léon X, ainsi que l'attestent Portenari et Scardeoni ; monseigneur Fabius et monseigneur Bernardin, tous les deux doyens de la cathédrale de Padoue, pronotaires apostoliques participants et rapporteurs des deux signatures; monseigneur Louis, pro-notaire apostolique qui, avec le cardinal Milino, l'an 1608, ayant été envoyé légat pour traiter la paix entre l'empereur Rodolphe et l'archiduc Mathias, son frère, fut ensuite fait visiteur-général de la ville et diocèse de Bologne dans le temps des cardinaux Alexandre-Louis Ludovisi et Jérôme Colonna (voyez Dolfi, pages 202 et 203).

Monseigneur Rodolphe, fils d'Antoine, qui fut trésorier général du saint-siége ; mais on dit que celui-ci laissa le camail, renonça à la prélature et se sécularisa, et que Clément VIII l'admit à la congrégation des barons, comme il conste par le bref même de ladite congrégation. Il fut fait sénateur à la place de Jean Adolvrandi ; il épousa dame Lucrèce Sordi, et sa fille Cleria épousa le marquis Baldassar Paluzzi, Romain, grand-père du cardinal Paluzzo Altieri, neveu de Clément X (voyez Dolfi, auxdites pages 202 et 203).

Dans les lettres se sont distingués : Horace, qui a mis au jour un traité *De immobilitate horæ*, fort préconisé par le marquis Galleria dans son ouvrage sur l'honneur, tome 1, pages 128 et 129, et par Jérôme Ghellini, dans son *Théâtre des hommes illustres*; Dominique, qui, l'an 1571, fit les commentaires sur les quatre livres des *Topiques* d'Aristote; Jean-Paul d'Ascanio, dont on trouve les additions aux décisions de Moedano (voyez Dolfi à la susdite page); et monseigneur Luc, pro-notaire apostolique, maître de chambre, secrét. du pape Léon X, intime ami du cardinal Bembo, qui le loue, de même que Léonio, dans ses dialogues. Il y a des mémoires qui annoncent que ledit monseigneur Luc devint un des secrétaires dudit pontife.

Gratien a également illustré cette famille par ses talents et ses emplois ; car, comme le rapporte Dolfi, à la page 204, l'an 1050 il fut sénateur d'Imola, et il l'appelle lui-même homme prudent et de grand poids. Filiose fut fait président du château de Codronco, où il se distingua beaucoup par sa valeur, en soutenant puissamment pour la ville d'Imola le devoir de bon citoyen.

L'an 1305, Bartholo, homme prudent et fort estimé, conclut la paix à Rimini entre les habitants de Césène, au nom de Hubert Malatesta, comte de Glazolo, préteur et préfet de Césène, et ceux de Polenta qui soutenaient le parti des Cervicsi, Saliancsi et des autres peuples. Ce fait est même rapporté par Scipion Claramonti, *Hist. Césèn.* Paul n'est pas moins digne de mémoire, puisque, l'an 1250, il fut fait podestat de Brescia et de Bergame ; François également, puisque, l'an 1350, il fut nommé recteur de la ville d'Imola, à cause des différends qu'il y avait entre les enfants de Bertrand Alidosi. Dolfi en fait mention à la page 201. Bonfilio, enfant de Jacques Bonfigli, qui fut collatéral ou commandant de la république de Venise à Viccule. Boniface, qui, le 12 février 1469, avait été fait comte palatin par l'empereur Frédéric, fut ministre d'Etat pour ladite sérénissime république de Venise, et employé par le sénat dans plusieurs occasions importantes, et principalement quand il fut question de défendre ses raisons contre l'archiduc d'Autriche, relativement à la fixation des confins respectifs, ainsi qu'on peut le voir dans la chronique dite ducale de Pierre Lando, en date du 8 juin 1552. François, que le pape Sixte IV, l'an 1480, nomma châtelain de Gualdo, dans le duché de Spolète, fut le premier qui partit d'Imola à cette occasion, et qui établit sa famille dans ce pays, d'où il passa ensuite à Rome. Ce même François, attendu sa prudence et son grand mérite, fut choisi ambassadeur par ladite ville d'Imola, pour apaiser les différends qu'il y avait entre elle et les MM. Riari, de la maison dudit pontife. Robert avait un grand crédit auprès du roi Louis d'Aragon, et fut fait ensuite surintendant-général des finances du royaume de Sicile, par le roi Frédéric III ; Daniel fut conseiller et premier aumônier de la reine de France, Catherine de Médicis, et vicaire-général du cardinal Trivulce, légat en France ; Boniface fut également grand aumônier de ladite reine ; Balthazar et Joseph furent envoyés par la république de Lucques, en qualité d'ambassadeurs dans différentes cours d'Europe ; enfin Louis fut également ambassadeur auprès de Frédéric, roi d'Aragon, tandis qu'il était à Catania au moment que les Français assiégeaient cette ville, où ledit Louis reçut de grands honneurs, tant à cause de ses qualités, qu'à cause de ses talents et de la noblesse de sa famille.

Enfin l'on voit que l'an 1299, Procul, François et Bonagiunto se signalèrent beaucoup dans les armes ; que l'an 1314, Bonarello, sous la conduite de Julien Malvezzi, se signala également à Castel-Franco, et que l'an 1326 et 1328, François et Bonagiunto prirent les armes en faveur de l'Eglise, et qu'ils firent eux-mêmes les frais de la guerre ; que l'an 1356, Boniface fut connétable des soldats pour la guerre de Frignano. Benoît alla en 1440 à la rencontre de Nicolas Piccinini, capitaine du duc de Milan, qui le fit prisonnier dans la roche d'Imola ; mais après en être sorti et de concert avec les Canetoli, les Pepoli et les Ghislieri, ses partisans, après avoir tué Bentivogli, il se retira à Venise, où cette république le fit commandant-général de ses armées ; enfin, l'an 1448, il se signala singulièrement pour la défense de Brescia contre François Sforza, duc de Milan, comme l'attestent Jean-Baptiste Contarini, *Hist. Venet.* lib. 16, et le susnommé Salomoni, fol. 416, ib. Jean-Baptiste passa également au service de cette république, et s'y fit grand honneur, comme on le voit dans lesdites chroniques ou ducales du sérénissime André Gritti, du 4 décembre 1535; ce qui est aussi rapporté par Portenari, lib. 5, cap. 8, fol. 172. Bonfilio, commandant des cuirassiers, se signala également beaucoup dans la guerre de Chypre, où, étant encore fort jeune, il mourut les armes à la main, ce qui conste 1° par le témoignage des historiens de ces temps, et principalement de Contarini qui décrit ses entreprises ainsi que les honneurs qu'il reçut de la part de la république ; 2° par le tombeau qui lui fut fait par Achille et Camille, ses frères, dans l'église de Saint-Antoine – des – Franciscains, à Padoue. Camille fut aussi capitaine-général de l'armée vénitienne, et c'est de lui que ledit Salomoni parle en ces termes, fol. 473 : *Camillus Franciscus Bonfilius ex hâc nobilissimâ gente, scilicet de Bonfiliis, vir strenuus, designatus est præfectus armorum in superiori propugnaculo S. Mauræ, anno 1682.* Il est fort loué également par Scardeoni, Portenari et Locat. *Hist. orient.*, page 294.

Nicolas fut général de l'artillerie du royaume de Naples, et un autre Nicolas, appelé *Nicolas second*, qui défendit la ville d'Auguste et la délivra des Français. Enfin, Jacques, chevalier de l'ordre de Jérusalem, se signala beaucoup à la bataille navale contre les Turcs, sous le règne de Pie V. Ce fut dans cette occasion qu'un boulet ennemi l'ayant percé dans sa galère, appelée la *Capitaine-de-Malte*, où il commandait lui-même, il mourut le même jour, époque de cette célèbre victoire, ainsi qu'il est rapporté par les susdits historiens.

La famille Bonfigli, outre ses prérogatives et ses priviléges, a possédé plusieurs fiefs, et a toujours été admise à la première classe des chevaliers. Nous pouvons entre autres rapporter l'exemple de François, fils d'André, chevalier de l'ordre de St.-Maurice et St.-Lazare de Savoie, qui, le 3 mars 1570, prit la croix dans la chapelle du cardinal Philippe Boncompagni, neveu de Grégoire XIII, comme il conste aux actes de Jean Guidotti, not. dudit ordre, et ce qui est rapporté par Barthélemi de Galeotti, dans son *Traité des hommes illustres de Bologne*, imprimé à Ferrare par Boldini, l'an 1590, part. 3, à la page 120, où parmi les chevaliers dudit ordre, il met ledit François Bonfigli Hercule, chevalier et commandeur de l'ordre de Saint-Etienne, comme entre autres le rapporte Nicolas Pascal Alidosi, *Traité des réformateurs*, à la page 21 ; Marc, chevalier de l'ordre de Jérusalem, ainsi que le rapporte Dolfi, aux pages 202 et 203 ; et le susdit Jacques, fils d'André, chevalier et commandant de la *Capitaine-de-Malte*, outre plusieurs autres chevaliers du même ordre, principalement dans la branche de France, de Provence, ainsi qu'il appert par le procès fait par les Bonfigli, et par d'autres monuments qui sont tous entre les mains du marquis de Bonfigli, chevalier de Saint-Louis, à Orange.

La réputation et l'estime dont cette famille a constamment joui dans tous les temps et en tout lieu, sont prouvées par les alliances qu'elle a contractées avec les principales familles d'Italie. Crainte d'être trop longs, nous ne rapporterons que celles dont nous avons le plus sûr témoignage dans les écrivains.

On lit dans ceux-ci que la maison Bonfigli s'est al-

— 73 —

liée avec les messieurs Accarisi [1], de Faenza, seigneurs de Glanzano, une des principales familles de la Romagne; avec le comte Ugolino, général des Bolonais [2]; avec la famille delle Selle d'Imola, Matthieu Bonfigli ayant pris pour femme demoiselle Thadée, fille d'André Selle; avec la famille Alidosi [3] Malatesta, princes de Rimini, Fortebracci, et avec les familles Bouttieri [4], Canetoli [5], Ghislieri [6], Alamandini [7], Pepoli [8], Fantazzi [9], Isolani, Angelelli [10], Alberguti, Usberti [11], Benoit, fils de Paul Bonfigli et d'Ursule Alamandini, ayant épousé demoiselle Lippa Usberti; de la Ratta, Borghellini [12], Sala Bocchi [13], Scappi, Romeggia [14],

[1] Tonducci, part. 3, pag. 444, année 1366.
[2] Comme il conste au livre des testaments de la fabrique de Sainte-Pétronne.
[3] Dolfi, page 201.
[4] Scardeoni, folio 367.
[5] Outre les mémoires de Cavazzoco, l'Uriani, Gherardazzi, ainsi que le testament de Marguerite Bonfigli Canetoli, pris par Jean Angelelli, l'an 1382.
[6] Au livre de la chambre, coté L. S., fol. 294, et Dolfi, des familles Ghislieri, pag. 365.
[7] Au livre provis. de Jacques de Castellani, notaire, en date du 22 janvier 1422; dans la chambre et en date du 8 août 1422; aux actes de Machiavelli, dans la chambre.
[8] Au livre des prov. de Dino del Poste, du 9 mars 1433; dans la chambre.
[9] Dolfi, à l'endroit cité.
[10] Idem.
[11] Au livre provis. de Jacques de Castello *pro secundis*.
[12] Acte de 1469.
[13] Crescenzi, des familles illustres d'Italie.
[14] Testament de Bonfigli, enfant de Paul Bonfigli, de l'an 1483; aux actes de Benoît Paleotti, notaire, et du livre provis. de Nicolas Machiavelli, du 25 juillet 1442; en chambre, fol. 42.

della Volta, Castelli [1] de Banzi [2], parent d'Inocent IX, de la maison Fachenetti, avec laquelle la famille Bonfigli avait beaucoup de liaison et d'amitié; Mariscotti, Malvezzi, Gozzadini [3], et plusieurs autres familles nobles de Bologne, comme aussi avec la maison Scapinello, noble modenais; avec celle des Pazzi [4], de Plaisance; avec celle des Sachetti [5], de Salviati [6], de Vieri ou Vaini [7], de Lanfredini [8], de la Fioroja, maison noble de Florence, et à Rome avec la famille Palazzi, aujourd'hui Altieri [9], avec celle d'Orsini, avec laquelle s'allia François Junior, arrière-grand-père de M. Bernardin Bonfigli, vivant encore aujourd'hui. Pour ce qui est de l'alliance avec la famille Orsini, elle est prouvée par plusieurs actes, mais principalement par l'attestation de la communauté de Gualdo, et par le marbre et l'inscription sépulcrale qui se trouve dans la collégiale de son fief de Monte Rotondo, laquelle est rapportée par Sperandio, dans son *Histoire de la Sabine*.

Quant aux armoiries des Bonfigli de Rome, elles con-

[1] Dolfi, de la famille Castelli, laquelle famille est des princes de Narni, et de laquelle est sorti le pape Célestin II.

[2] Testament de Pierre, fait l'an 1550; aux actes de Pierre-Antoine Straucati.

[3] Dolfi, de la famille Malvezzia et de la famille Bonfigli, pages 505-506 et 202-203.

[4] Testament de Lippa de 1463, rière Thomas de Muglio.

[5] Eugène Gamarini, des familles nobles de Toscane et d'Ombrie, vol. 5, pag. 137 et 168.

[6] Ledit Gamarini, vol. 4, pag. 183.

[7] Ledit Gamarini, vol. 5, pag. 225.

[8] Ledit Gamarini, vol. 3, pag. 235, et vol. 4, pag. 283.

[9] Dolfi, de la famille Bonfigli, pag. 203.

sistent en plusieurs champs. Dans l'écusson du milieu, il y a un griffon rampant dans un champ d'or, qui entre dans le champ supérieur azuré avec trois fleurs de lis d'or posées horizontalement, sous un râteau qui couvre tout le champ inférieur. Dans l'écusson à droite du griffon, il y a une aigle noire dans un champ d'or, et à gauche, dans un champ rouge, une bande bleue horizontale avec une flèche au milieu. En dehors, il y a un génie tenant la croix de la main droite, et une palme de la gauche. Le génie fait allusion aux saints sortis de cette famille, ou peut être au nom même, suivant l'ancien usage des familles nobles de la Romagne. Le griffon et les trois fleurs de lis qui sont dessus et qui forment et remplissent l'écusson du milieu, ont toujours été conservées dans les armes des Bonfigli de Rome, pour faire connaître sans doute qu'ils étaient sortis de la famille d'Imola.

On croit que les fleurs de lis ont été prises par cette famille, comme descendant des ducs d'Anjou. Ce même privilége de porter des fleurs de lis a été confirmé par la cour de France, à la branche des Bonfigli d'Orange qui en conservent le diplôme.

On voit qu'anciennement cette famille s'est servie de l'aigle, et l'on croit que c'est pour avoir suivi quelque temps le parti des impériaux, ou plutôt parce que c'est là l'arme ancienne que portait le pape Sabinien que l'on dit sorti de cette famille. Quant-à la flèche qui traverse la bande bleue, on croit qu'elle a été prise du temps des tournois dans lesquels s'était rendu célèbre, un certain Bonfilietto Bonfigli. Quelques branches de cette famille ont conservé les mêmes champs, avec les trois fleurs de lis sous le râteau; mais au lieu du griffon, ils ont pris un pied de sanglier ou une patte d'ours, en Mémoire d'Horace Bonfigli qui sauva la vie à Charles d'Anjou, qui ayant ainsi échappé à la mort, donna à son libérateur plusieurs marques de distinction, comme on le voit dans la branche de Messine et dans quelqu'une de celles de France. D'autres ont simplement conservé l'aigle. Mais les MM. Bonfigli de Rome ont toujours retenu toute l'ancienne armoirie, et pour faire connaître qu'ils sortent de la famille d'Imola, pour plus grande commodité de la gravure et pour plus grande simplicité, n'ont fait usage que du griffon rampant sous les trois fleurs de lis, comme on le voit sur les marbres qui sont à Gualdo dans l'église des religieuses de Sainte-Claire, et dans le fief de Monte Rotondo, où l'on voit gravé sur le tombeau fait à dame Violante Orsini une armoirie semblable à celle de la famille Bonfigli, entrelacée avec celle d'Orsini, et c'est ainsi qu'on la voit peinte dans le cloître des franciscains dudit lieu.

Les descendants de cette illustre famille ne doivent point trop se glorifier de toutes les susdites connaissances, puisqu'ils n'ont eux-mêmes contribué en rien à leur noblesse. Ils doivent seulement tâcher d'imiter leurs illustres prédécesseurs et s'exciter aux grandes actions dont ceux-ci leur ont laissé de si beaux exemples.

FIN.

Besançon, imprimerie de Dodivers et Cⁱᵉ, succ. de L. de Ste-Agathe, Grande-Rue, 42.

www.ingramcontent.com/pod-product-compliance
Lightning Source LLC
LaVergne TN
LVHW052107090426
835512LV00035B/1308